LOURDES

Hommes & Choses

LYON
LIBRAIRIE GÉNÉRALE CATHOLIQUE ET [illegible]
EMMANUEL VITTE, DIRECTEUR
Imprimeur-Libraire de l'Archevêché et des Facultés [illegible]
3, place Bellecour, 3

1894

LOURDES

Hommes et Choses

OUVRAGES DU MÊME AUTEUR

Journal d'un Missionnaire au Texas et au Mexique. 1 vol. in-8. — Paris, Gaume.

Manuscrit pictographique américain. Précédé d'une notice sur l'idéographie des Peaux-Rouges. Publié sous les auspices du Ministère d'Etat. 1 vol. in-8. — Paris, Gide.

Voyage dans le Minnesota. 1 vol. in-12. Paris, Sarlit.

Histoire du Jansénisme. D'après un manuscrit du P. René Rapin. 1 vol. in-8. — Paris, Gaume.

La vérité sur le livre des Sauvages. 1 vol. in-8, avec 10 planches. — Paris, Dentu.

Voyage pittoresque dans les grands déserts du Nouveau Monde. 1 vol. in-4°, avec 40 planches. — Paris, Morizot.

L'Empire au Mexique. 1 vol. in-8. — Paris, Dentu.

Voyages et Aventures en Irlande. 1 vol. in-12, 1re série. — Paris, Maillet.

Voyages et Aventures en Irlande. (2e série). 1 vol. in-12. — Paris, Hetzel.

La Chaussée des Géants. Dernière série des **Voyages et Aventures en Irlande.** 1 vol. in-12. — Paris, Hetzel.

Notes anthropologiques, géographiques et géodésiques sur les hauts plateaux mexicains. 1 br. in-8, avec carte.

Le Mexique tel qu'il est. *La vérité sur son climat, ses habitants et son gouvernement.* 1 vol. in-12. — Paris, Dentu.

Voyage homérique *dans l'ancienne Ichnusa.* 1 vol. in-12. Paris, Dentu.

Histoire du Mexique, depuis les temps les plus reculés jusqu'à la mort de Maximilien 1er. 3 vol. in-8. Seule histoire complète du Mexique. — Paris, Gaume.

Quand j'étais Journaliste. Histoire drôlatique de la presse. 1 vol. in-12. — Paris, Dentu.

Le Chemin des Femmes. Étude de mœurs. 1 vol. in-12. — Paris, Maillet, 72, boulevard Haussmann.

Histoire de la Campagne de 1870-1871. 1 vol. in-12. — Paris. Dentu.

La Prophétie de Daniel. *Philosophie de l'histoire,* depuis la création jusqu'à la fin des temps. 2 vol. in-8. — Paris, Palmé.

Les Confessions d'un curé de campagne. 1 vol. in-12. — Paris, Gaume.

Souvenirs d'outre-mer. Mes Missions au Crépuscule de la Vie. 1 vol. in-12. — Paris, Gaume.

Abbé DOMENECH

LOURDES

HOMMES ET CHOSES

LYON
LIBRAIRIE GÉNÉRALE CATHOLIQUE ET CLASSIQUE
EMMANUEL VITTE, DIRECTEUR
Imprimeur-libraire de l'Archevêché et des Facultés catholiques de Lyon
3, Place Bellecour, 3

1894

CHAPITRE PREMIER

Comment est né ce nouveau livre. — Coup d'œil général sur Lourdes. — Pourquoi Marie apparut à Lourdes plutôt qu'ailleurs. — Mirat le Sarrasin. — Les trois populations de Lourdes. — Un des côtés naturels des habitués de la Grotte.

POURQUOI publier un nouveau livre sur Lourdes, après tous ceux que des plumes plus ou moins habiles, ou plus ou moins pieuses ont déjà publiés sur ce sujet ?

Telle est la question que plusieurs personnes, pour des raisons diverses, pourraient bien se poser. La réponse à cette question devrait faire le sujet d'une *Préface* ou d'une *Introduction*, mais, à notre époque, on ne lit guère plus les *Introductions* que les *Préfaces*, de sorte que la petite histoire de ce nouveau livre, pour être connue, doit être exposée en tête de ce chapitre.

Le R. P. recteur d'une de nos plus grandes maisons de la Compagnie de Jésus, — avant l'expulsion des ordres religieux, — quelques personnages ecclésiastiques, et d'autres amis qu'intéressaient mes publications sur les voyages que je fis dans les deux hémisphères, ainsi que les événements politiques auxquels je me trouvai mêlé, sous le second empire, me prièrent de publier mes souvenirs et mes notes qui dormaient depuis longtemps au fond de mes malles.

« Cette publication, me disaient-ils, aura l'attrait des *Mémoires* d'un cosmopolite ayant beaucoup vu, beaucoup entendu, connaissant bien des hommes et des choses sur lesquels on a des idées plus ou moins fausses. En outre, les impressions de voyage ont toujours un charme particulier; ils reposent l'esprit, instruisent et font passer le temps d'une manière agréable. »

Des hommes moins graves, et d'autres qui ne se piquaient pas de gravité le moins du monde, ayant eu connaissance de mes notes sur Lourdes, m'engagèrent pareillement à les publier. « Les romans fin de siècle, disaient-ils, sont tellement mauvais, que c'est faire une bonne action et rendre un vrai service à ceux qui lisent, comme aux familles honnêtes, d'écrire des livres qui puissent en même temps intéresser et distraire. »

Je répète ces paroles sans amour-propre, ni fausse modestie, mais simplement en toute franchise. *Honni soit qui mal y pense.* Ces notes sur Lourdes formaient plusieurs chapitres des *Secrets de ma valise*, ouvrage qui n'est pas encore publié; je les ai distraites de leur dossier pour les publier à part.

Ne voulant point être accusé d'enthousiasme

puéril, ni de partialité religieuse; désirant, avant tout, ne pas m'écarter de la vérité, soit par des additions, soit par des suppressions, je ne dissimule aucunement, dans ces notes, le revers de la médaille, le côté purement humain qui vient naturellement, j'allais dire nécessairement, jeter sa note discordante et ses ombres sur des faits dont la splendeur n'a rien d'égal en ce monde. Je le dissimule d'autant moins, que ce côté ne manque pas d'un certain pittoresque qui fait ressortir la parfaite sincérité de mes récits.

Ce côté, disons mieux, ces ombres, ne sont pas seulement utiles à la beauté du tableau présenté par les scènes de Lourdes, mais elles mettent encore en relief les bontés paternelles de Dieu, que n'arrête pas l'imperfection des instruments dont il se sert pour opérer de grandes choses. Il est même un fait que les gens du monde ignorent complètement, et c'est cette ignorance qui les rend incrédules sur les manifestations divines, car ils ne connaissent pas les choses surnaturelles, et n'y comprennent rien du tout.

Ce fait est celui-ci. Pour montrer son souverain domaine, son domaine absolu sur les hommes et les choses, Dieu, sur la terre, a mélangé les grands et les petits, les sages et les fous, les savants et les ignorants, les riches et les pauvres. Il a fait de tout cela quelque chose qui ressemble au chaos, mais n'en est pas un, et quand il veut produire un de ces événements prodigieux qui remuent les peuples et les consciences endormies, il tire de ce chaos ce qu'il y trouve de plus petit, de plus faible, souvent même de plus imparfait, et s'en sert pour secouer parfois rudement l'univers entier. C'est ainsi qu'il montre aux intelligences les plus bornées la puissance de son bras dans la faiblesse de son instrument.

Une autre raison que ces personnes mettaient en avant pour me décider à publier mes notes, était que la plupart des livres écrits sur Lourdes s'adressaient soit au public religieux ou lettré, soit à des spécialistes, et non pas à la masse des gens qui lisent uniquement pour se distraire, voyageurs, touristes, sédentaires, indifférents ou croyants.

Ce livre n'étant qu'un simple récit de mes impressions personnelles, et non pas un livre de critique et de controverse, je n'ai pas à discuter ici le caractère des ouvrages déjà parus sur ce sujet. Je dois cependant dire deux mots sur celui de M. Lasserre, le plus connu, le plus admiré comme le plus critiqué. On a dit de son livre que c'était un roman historique; c'est inexact, car si cet écrivain a voulu poétiser et dramatiser son histoire en y mettant un peu du sien, *presque* tous les faits qu'il raconte sont vrais, au moins quant au fond. Ceux sortis de son imagination sont assez rares, et n'avaient pour but que l'idée littéraire de *corser* les hommes et les choses, afin de rendre émouvantes et palpitantes d'intérêt des scènes fort simples en elles-mêmes, d'augmenter la beauté de son livre, et d'en assurer le succès.

Un jour que l'auteur de la *Petite Histoire* lui reprochait les inexactitudes de son livre, M. Lasserre lui répondit en homme de lettres qui connaît l'importance de la forme littéraire dans une publication quelle qu'elle soit : « Ce sont ses défauts qui feront son succès. »

Je dois pourtant ajouter que Mgr Laurence, évêque de Tarbes, ne pensait pas de même, et que ce sont ces « défauts » qui l'ont empêché de donner à ce livre l'approbation que l'auteur sollicitait. Ce refus a soulevé bien des nuages sur les commencements de l'œuvre de la Grotte, mais il n'a pas arrêté la marche triomphale de cette œuvre, ni celle du livre, un des plus lucratifs de notre époque.

Dans l'ouvrage de M. Lasserre, le rôle de M. Peyramale est admirable, noble, touchant et mouvementé; néanmoins, ce bon et vraiment saint prêtre a dû, sans doute, en le lisant, être singulièrement surpris d'avoir dit et fait des choses si belles, à propos de Bernadette.

Le pauvre Jacomet a dû pareillement faire une affreuse grimace en se voyant si laid, mais il ne l'a guère volé. Trop de zèle, monsieur le commissaire, trop de zèle. Il a toujours prétendu que l'abbé Peyramale n'avait jamais dit cette phrase : « On me passera plutôt sur le corps, que de laisser emmener cette petite fille », Bernadette.

N'a-t-on pas prétendu, pareillement, que M. Durand, l'architecte de la Basilique, voulait faire un procès à M. Lasserre pour avoir dit, dans son livre, que l'abbé Peyramale avait déchiré son plan de la basilique, le trouvant trop petit; ce qui n'était qu'une fleur de rhétorique? Mais que n'a-t-on pas prétendu?

Dernièrement encore n'a-t-on pas réédité, pour attaquer les apparitions de Lourdes, cette vieille sottise, que Bernadette avait pris, pour la sainte Vierge, Mme X, qui se rendait aux Roches de Massabielle pour un rendez-vous; or, Mme X étant née le 9 février 1858, il est probable que, le 11 du même mois, et les jours suivants, elle pensait plus à son biberon qu'à jouer le rôle de la sainte Vierge; mais la libre pensée, qui se moque autant du public que de la logique, n'y regarde pas de si près.

Mme Massy, femme du préfet de Tarbes, auquel M. Lasserre fait jouer un assez vilain rôle dans l'histoire des apparitions, voulut également faire un procès à cet écrivain pour avoir calomnié son mari. Suivant les conseils de quelques amis, elle abandonna sa résolution, mais remit tous les papiers du préfet, concernant cette affaire, entre les mains du Père Cros de la compagnie de Jésus, pour réhabiliter la mémoire de M. Massy.

Le Père Cros fit des recherches aux ministères

de l'intérieur et de la justice, se procura la collection de l'*Echo des Pèlerins*, journal que M. Lasserre publiait à Lourdes, contre les Pères missionnaires, le *Mémoire confidentiel aux Evêques*, du Père Sempé, la brochure de Mgr Forcade, alors évêque de Nevers, ainsi que bien d'autres documents, et, muni de ce formidable dossier, il écrivit, sur les faits de Lourdes, une histoire en quatre volumes.

Dans cette histoire, il réfutait des faits et des assertions de M. Lasserre, sans le nommer, simplement par des assertions contraires basées sur ses documents. Le livre fait, il dit à M. Lasserre que s'il voulait rectifier certains faits, publiés dans son histoire de *Notre-Dame de Lourdes*, il ne publierait pas la sienne; M. Lasserre refusa. Le Père Cros vint alors à Lourdes, à la fin de l'année 1884, ou dans l'hiver de 1884-1885, et lut son livre devant le Père général des missionnaires, le T. R. P. Sempé, le vicaire général, et, si je ne me trompe, devant deux ou trois autres personnages.

Cette lecture se fit au *Chalet des Evêques*, où je me trouvais alors, et, sans le vouloir, j'en entendis la plus grande partie. Quand elle fut achevée, je ne sais ce que dit le Père Cros, mais le Père Sempé lui répondit en substance ceci : « Je ne puis pas vous empêcher de publier votre ouvrage, mais je ne vous donnerai jamais mon approbation. »

Quiconque connaît la bonté proverbiale des Pères missionnaires ne sera point étonné de cette réponse, car se taire et s'effacer le plus possible a toujours été leur esprit de conduite. A cette époque, M. Lasserre était à la veille de publier sa malheureuse traduction des évangiles ; parmi ses nombreux et puissants amis, on comptait des évêques et des cardinaux qui réclamèrent le silence sur les faits de Lourdes, et le Père Cros reçut l'ordre de ne point publier son volumineux ouvrage. Quoi qu'il en soit du livre de M. Lasserre, il est incontestable que c'est un des plus grands succès littéraires de notre époque, et qu'il concourut, pour une bonne part, à la divulgation des faits de Notre-Dame de Lourdes.

J'ai fait cinq voyages à Lourdes, y séjournant parfois très longtemps, ayant même eu l'espérance d'y finir mes jours. La première fois, c'était en 1858, au moment des apparitions, en compagnie du Père Marie-Alphonse de Ratisbonne, qui fut lui-même, comme on le sait, converti par une apparition de la Très Sainte Vierge, dans une chapelle de l'église de *Saint-André dei Frati*, à Rome. Pendant un séjour de plusieurs années passées chez les Pères missionnaires, gardiens de la Grotte, j'ai crayonné, j'allais dire photographié, jour par jour, et presque heure par heure, tout ce que j'ai vu, entendu de bon et de mauvais, offrant un intérêt quelconque. C'est dire que, selon mon habitude, j'ai pris des notes sur tout ce qui frappait mes oreilles, mes yeux, mon esprit et mon cœur, au moment même où ces faits se produisaient, afin de ne rien laisser à l'imperfection des souvenirs, aux faiblesses de la mémoire. Quelques-unes de ces notes ont même été publiées, soit dans les *Annales*, soit dans le *Journal de Lourdes*.

Tout en laissant les faits parler par eux-mêmes, et les racontant simplement, sans chercher à les embellir, par la poésie, l'imagination et la fantaisie, il était naturel et convenable de les accompagner des observations personnelles qu'ils m'inspiraient. Il est incontestable que ce livre ne sera goûté que par un petit nombre de personnes, par la raison fort simple qu'il est indépendant de toute coterie littéraire ou religieuse, qu'il n'a pas la prétention de plaire aux uns aux dépens des autres, et surtout aux dépens de la vérité. Non, ce livre n'a pas même la prétention de convaincre, ni d'ébranler, sur les faits de Lourdes, l'opinion de ceux qui n'y vont pas, mais simplement de leur montrer ce qu'y s'y passe habituellement, et ce qui s'y est passé à l'époque des apparitions.

En France on n'aime ni les indépendants, ni les indépendances, et l'on veut de la tutelle en tout et partout. Pour avoir du succès en quoi que ce soit, il faut s'enchaîner à quelque syndicat, coterie ou camaraderie qui supplée par une *poussée* à la valeur personnelle qui fait défaut. C'est pourquoi nos gouvernements fin de siècle, sachant ce qu'ils gouvernent, peuvent impunément mettre la main sur toutes les libertés, sur tous les restes de conscience et dans toutes les poches. Respectant trop en moi la dignité humaine pour devenir un mouton de Panurge, j'abandonne ce livre aux vents des caprices de l'opinion publique, espérant néanmoins que le bon Dieu le bénira suffisamment pour qu'il fasse un peu de bien par-ci par-là.

Quand on raconte aux gens du monde ce qu'est Lourdes à l'époque des pèlerinages, comment s'y passent les journées et ce qu'on y voit, les uns ne comprennent pas, leur ignorance et leur esprit étroit ne leur permettant pas de croire qu'il existe quelque chose au-dessus de ce qui rapporte de la considération, de l'argent ou du plaisir. D'autres s'étonnent et doutent; d'autres encore se sentent émus, touchés par ce qu'ils entendent, mais ils voudraient voir les faits, comme on désire voir quelque chose de merveilleux, pour confirmer une croyance naissante. Quant à ceux qui les ont vus, ils disent :

« C'est bien çà, c'est vrai, mais c'est encore plus beau, car les fêtes de Lourdes ne peuvent pas se décrire. »

La description n'est en effet qu'un portrait, et dans tout portrait, il manquera toujours ce qu'on pourrait appeler *l'âme* qui lui donne la vie et le mouvement. A Lourdes, cette âme c'est le surnaturel, qui ne se décrit pas, et qui cependant remplit les hommes et les choses, au point qu'il est évident, positif, j'allais dire visible à peu près pour tout le monde; aussi, nous en parlerons plus d'une fois dans la suite de ce livre.

De la ville elle-même, je n'en dirai presque rien, ce livre n'étant pas un *guide* à l'usage des voyageurs, mais plutôt une étude; cependant, je trouve dans mes notes quelques aperçus historiques d'un certain intérêt et quelques détails topographiques indispensables pour bien comprendre les scènes relatées dans ce livre, de sorte que, ne pouvant les passer sous silence, je les abrégerai néanmoins le plus possible.

Je ne ferai pas remonter Lourdes et sa population jusqu'au déluge, comme les écrivains irlandais l'ont fait pour leurs ancêtres, mais il est incontestable que les Ibères ou Basques furent les premiers habitants de ce pays, et que Lourdes résista longtemps à l'invasion romaine. Les barbares s'en emparèrent ensuite, puis les Visigoths, et finalement les sectateurs de Mahomet qui construisirent le donjon carré du fort, qu'on voit encore, et qui constitue la partie la plus ancienne du vieux château.

Charlemagne, après un an de siège, ne s'empara de Lourdes que par l'entremise de l'évêque du Puy, qui convertit le gouverneur du château, Mirat, après en avoir obtenu la capitulation, comme on le verra plus loin. Après Charlemagne, les albigeois, les Anglais et les protestants mirent souvent à feu et à sang tout ce beau pays; la reine

Jeanne de Navarre surtout le couvrit de ruines, de misères, et brûla Lourdes ainsi que Bagnères, bien d'autres villes, bourgs, villages, couvents, et nombre de vieux monastères et de vieilles églises. Depuis l'abjuration d'Henri IV, Lourdes devint propriété des rois de France et de Navarre, et put jouir enfin d'une longue prospérité.

Avant 1858, Lourdes n'était guère connue que des touristes et des baigneurs qui se rendent aux nombreuses stations thermales disséminées dans les environs de son territoire, ou parmi les sites pittoresques et grandioses de cette partie des Pyrénées, la plus belle et la plus justement admirée de cette splendide et magnifique chaîne de montagnes. Dans mes longs voyages en Europe, en Amérique, en Afrique et dans l'Asie, j'ai tellement vu d'admirables paysages, qu'une belle nature ne suscite guère plus en moi d'enthousiasme, et que maintenant je suis assez blasé sur ce chapitre-là; néanmoins, Lourdes m'a toujours paru ravissant, et je l'admire toujours avec bonheur.

La ville est assez proche de la gare; elle est aussi le centre de sept vallées, plus belles les unes que les autres. A l'une des extrémités de la ville se trouve le rocher baigné par le Gave, sur lequel est construit le donjon, tour carrée de l'ancien fort ou château. Cette relique des musulmans est d'un effet très pittoresque dans le paysage, et, pour les touristes, le seul vieux monument de quelque intérêt.

A l'ouest, dans la même direction et non loin de la ville, se détache des montagnes, ou pour mieux dire, s'avance vers le Gave un contrefort sans importance appelé Massabielle. Au bas de ce rocher s'ouvre une excavation de cinq à six mètres de hauteur sur sept à huit de large, et d'environ six mètres de profondeur, ayant la forme d'une tente arabe coupée par le milieu : c'est la *Grotte de Lourdes*. A droite, au-dessus de l'arc de la grotte, est une autre ouverture naturelle, ovale, irrégulière, de deux mètres de hauteur, qui se prolonge dans la grotte, c'est la *niche des apparitions*.

Dans cet ovale de granit, encadré de lierre et de plantes rustiques, la sainte Vierge apparut dix-huit fois à Bernadette. A quelques pas de là, le Gave, qui baignait autrefois le pied de la roche, coule tranquillement. Ses eaux, transparentes et peu profondes, semblent murmurer une prière, en passant devant cette solitude, calme et recueillie, choisie par la Mère de Dieu pour la bénir par sa présence et ses bienfaits.

Deux grandes artères conduisent de la gare et de la ville à la grotte : le *boulevard*, qui va directement de la gare à la *prairie de Savy*, au moyen d'un très beau pont de pierre jeté sur le Gave; l'autre, la *rue de la Grotte*, qui traverse une grande partie de la ville et débouche sur cette même prairie, en passant par le *Vieux-Pont*. Ces deux voies sont bordées d'hôtels, de boutiques d'objets de piété, de magasins d'approvisionnement, et lors des pèlerinages, elles sont animées, encombrées même par la multitude des pèlerins de tous pays, de tout âge, et de toutes conditions.

Les cinq parties du monde ont presque toujours des représentants, plus ou moins nombreux, à Lourdes. Les costumes les plus pittoresques et les plus gracieux s'y marient aux toilettes les plus ébouriffantes et les plus tapageuses. La distinction, le bon goût et la simplicité marchent à côté du grotesque et du ridicule des modes actuelles, et les haillons font pendant à la robe de soie.

Depuis longtemps on a dit que Lourdes était une station thermale surnaturelle, pour guérir surnaturellement les maladies de l'âme et du corps les plus désespérées. Cette pensée gracieuse est exacte dans une assez grande mesure, comme on le verra dans la suite de ce récit. A ce point de vue, aucun sanctuaire, disons mieux, aucune localité ne ressemble à Lourdes, car il n'existe nulle part une pareille source de prodiges surnaturels, de l'ordre moral et de l'ordre physique tout à la fois, dont les effets se font ressentir dans l'univers entier.

Bien des personnes ont la naïveté de se demander pourquoi Lourdes a ce privilège, et non pas tel autre endroit. D'abord on peut répondre que c'est par la même raison que les eaux thermales de Vichy, Barèges, Bagnères et de tant d'autres pays sont à Vichy, Barèges, Bagnères, et non pas à Paris, c'est-à-dire parce que le bon Dieu les a voulus dans ces localités, et non pas ailleurs.

Dans la distribution de ses bienfaits naturels ou surnaturels, la Providence agit toujours avec la même liberté pour ce qui concerne les temps, les lieux et les personnes auxquelles elle les confère. Lourdes est par excellence la ville des guérisons et des conversions miraculeuses, simplement parce que Dieu le veut, et quoique ses raisons soient éminemment sages, il n'est pas obligé de nous en rendre compte.

On pourrait également dire que Lourdes étant pour ainsi dire la porte des vallées dans lesquelles se trouvent les eaux thermales les plus fréquentées des Pyrénées, et les paysages les plus merveilleux, comme les plus visités des malades et des touristes, c'était une des meilleures situations indiquées par la nature, pour donner à l'œuvre de Dieu la plus grande et la plus naturelle publicité possible. La Vierge de la Grotte avait dit à la petite Bernadette : « Je veux qu'on vienne en procession ; » grâce à cette publicité naturelle, les paroles de la Vierge trouvèrent un écho dans l'univers entier, et des processions de pèlerins et de curieux vinrent des quatre coins du monde, pour visiter la Grotte de Lourdes.

Mais à ces raisons de simple bon sens on peut en ajouter une autre plus gracieuse et peut-être plus positive encore, c'est que, depuis onze siècles, Lourdes appartenait à Marie par droit de donation, sinon de conquête. En effet, lorsque Charlemagne vint attaquer les Sarrasins qui s'étaient fixés dans les Pyrénées, après la bataille de Poitiers, en 732, il fit d'abord un pèlerinage à Notre-Dame du Puy, pour mettre le succès de ses armes sous la protection de la sainte Vierge. Charlemagne pria l'évêque du Puy de l'accompagner, et vint assiéger le château de Lourdes, défendu par Mirat, son gouverneur.

Mirat était certainement un des plus énergiques et des plus fiers Sarrasins de cette époque; il défendit le château si vaillamment, qu'au bout d'un an le siège durait encore. Pendant ce siège un aigle prit un gros poisson, soit dans le lac, soit dans le Gave, et, vu son poids, le laissa tomber dans l'enceinte de la forteresse. Mirat fit porter ce poisson à Charlemagne qui, croyant le château très bien approvisionné de vivres, partit en laissant à l'évêque du Puy le soin de terminer la conquête par la capitulation du château. C'est à cause de ce fait qu'on voit sur la tour du milieu des armes de la ville, « un aigle de sable éployé, membré d'or, tenant au bec une truite d'argent ».

L'évêque du Puy parlementa longtemps, et finit par prendre une poignée d'herbes, la remit à Mirat, et lui dit d'offrir ce tribut à Notre-Dame du Puy, comme gage de sa soumission. Le fier Sarrasin, qui n'avait pas voulu se soumettre à Charlemagne, se soumit à Marie; il prit la poignée d'herbes, la mit au bout de sa lance, et suivi d'une nombreuse escorte de chevaliers sarrasins qui l'imitèrent, ils se rendirent au Puy avec l'évêque. Mirat et ses chevaliers allèrent aussitôt déposer aux pieds de la Vierge protectrice des Francs l'herbe de Lourdes, en témoignage de leur capitulation. C'est ainsi que Lourdes et son château devinrent la propriété de Marie, onze siècles avant son apparition aux roches de Massabielle.

On a souvent accusé les habitants de Lourdes d'avoir peu de religion, et beaucoup des défauts communs à toutes les populations qui vivent du passage des étrangers chez elles. Ces accusations sont très exagérées, et pour les détruire je crois qu'il suffira de citer ce fait, c'est que les communions pascales sont habituellement de *mille à douze cents hommes à la messe de M. le curé*. Si l'on ajoute à ce chiffre celui des autres communiants, à toutes les messes, pendant les cinq semaines que dure le temps pascal, on avouera facilement que le chiffre des abstentions est assez limité. La population est donc bonne et chrétienne dans sa généralité, malgré les efforts déjà faits par les franc-maçons et les politiciens pour la pervertir.

Néanmoins, il faut constater un autre fait pour rester dans le vrai, c'est que la population actuelle de Lourdes se partage en trois catégories bien distinctes; savoir : les anciens habitants, les marchands étrangers, et la colonie.

Sur la population primitive s'est greffé l'élément étranger mercantile qui fausse complètement le caractère de l'ancienne population, le dénature et le discrédite en lui faisant perdre ses vieilles traditions de foi, de probité, d'ordre et d'économie. Cette « nouvelle couche » cultive plus le « veau d'or » que l'Eglise; au lieu d'économiser l'argent qu'elle gagne avec les pèlerins, elle en profite généralement pour mener joyeuse vie, et quand les échéances arrivent, souvent l'argent manque pour les payer. Certainement, les exceptions sont très nombreuses, mais le mauvais exemple fait bien des victimes dans la classe ouvrière; et, pour tous, les hivers sont rudes à Lourdes.

En dehors de ces honorables exceptions qu'on rencontre dans cette partie de la population, c'est dans cette catégorie que se trouvent les moins dévots à Notre-Dame de Lourdes, et ceux qui sont toujours mécontents de ce qui se fait ou ne se fait pas à la Grotte. En 1892, le saint curé de Lourdes se mourait d'une maladie mortelle, de la moelle épinière, si je ne me trompe. — Je ne vois pas, dit-il un jour à ses paroissiens, pourquoi nous laissons aux étrangers le soin de se faire guérir par Notre-Dame de Lourdes, et que nous seuls, nous ne profitons pas du remède que nous avons sous la main.

Et, pour donner l'exemple, il commença lui-même et fit commencer une neuvaine pour demander sa guérison ; puis il se fit transporter et plònger dans la piscine, éprouva de suite une amélioration, après le premier bain, et sa guérison complète suivit bientôt son acte de confiance en la sainte Vierge.

Les missionnaires, pour la commodité des pèlerins et faciliter leurs dévotions à Notre-Dame de Lourdes, avaient, dès le commencement de leur installation, établi près de la Grotte un petit magasin, où l'on vendait des cierges et quelques objets de piété, statuettes, images, etc. A cette époque, il ne se trouvait encore qu'une seule autre petite boutique de ce genre, et située dans la ville. Aujourd'hui ces boutiques se comptent peut-être par centaines, et font d'assez belles affaires pour payer chacune, ou du moins quelques-unes, plusieurs milliers de francs de location.

Sans doute pour ne pas démentir le proverbe qui dit que « *l'appétit vient en mangeant* », plusieurs de ces marchands, des plus riches et des plus étrangers à Lourdes, l'un même était arabe, suscitèrent une cabale contre le magasin de la Grotte, et se firent nommer délégués pour demander aux missionnaires la suppression du dit magasin, sous prétexte qu'il faisait du tort à leur commerce. Le porte-parole de cette étrange délégation avait vu son commerce si bien prospérer, qu'il possède actuellement à Lourdes deux hôtels et trois magasins. Leur faire comprendre l'absurdité de leurs prétentions fut chose des plus faciles; je crois même que plusieurs furent assez honteux du rôle ridicule qu'ils jouaient; mais les questions d'argent auront toujours la faculté de troubler les cervelles d'une manière ou d'une autre.

Bien des pèlerins se plaignent que ces messieurs, hôteliers ou marchands, les exploitent d'une manière abominable, en leur faisant payer tout très cher. Ce fait est moins général qu'on ne le dit, et je crois ces plaintes exagérées, car d'autres pèlerins m'ont affirmé qu'ils avaient été surpris de la modicité des prix de leur pension et de leurs achats. Ces deux faits contradictoires prouvent ceci : c'est que si les pèlerins sont réellement exploités par quelques hôteliers ou marchands, d'autres trouvent des prix plus équitables dans des maisons plus honnêtes.

En outre, il est incontestable que pendant les deux mois des grands pèlerinages, août et septembre, la multitude des pèlerins est telle que, tous les articles de consommation augmentant naturellement, tout doit augmenter également. D'ailleurs, il ne faut pas oublier que dans les Pyrénées comme en Suisse, sur les bords de la mer et dans les villes d'eau, les habitants n'ont guère que trois ou quatre mois pour gagner avec les étrangers leur pain de toute l'année, de sorte qu'il n'est pas étonnant de voir les prix s'élever pendant la saison, plus qu'ils ne le sont le reste du temps.

La troisième partie de la population de Lourdes, appelée *la colonie*, n'est pas la moins intéressante, ni la moins difficile à peindre, car elle se compose presque uniquement de vieux garçons et de vieilles filles, de veufs et de veuves, et de ménages sans enfants, de toutes les classes de la société, de tous les pays de France et de l'étranger, venus à Lourdes pour y mourir religieusement sous l'œil maternel de Marie. Sur cette nouvelle population, d'une piété profonde et vraiment admirable, est pareillement venu se greffer un nombre assez important de ce qu'on appelle dans le monde des *dévotes*, et quelques cerveaux mal équilibrés, qui ne laissent pas de donner un caractère plutôt original qu'évangélique à cette partie de la population de Lourdes.

Bien des membres les plus sérieux et les plus dignes de la colonie m'affirmaient que ces braves gens finissaient par rendre, par leur langue, le séjour de Lourdes à peu près impossible, et plus d'un, pour se garer de ces langues, ne parlait absolument à personne, ou seulement à quelques rares amis intimes. Un mauvais plaisant me disait à ce propos : « De même qu'on voit des foires pour des denrées spéciales, de même on voit à Lourdes la foire permanente des dévotes entre deux âges; elles y viennent des quatre coins du monde, y demeurent des mois ou des années, et ne s'en vont que lorsque leur langue ne peut plus rien dire, que leur bourse n'a plus rien à dépenser, ou que leur dernier souffle les délivre des misères de cette vie ».

Je ne crois pas que les dévotes de Lourdes soient pires que celles des autres pays, et celles qui s'en plaignent le plus, ce sont ces mêmes dévotes, qui ne veulent ni se comprendre ni qu'on les comprenne dans le nombre. Après tout, les dévotes de tous les pays sont comme les enfants, elles sont ce qu'on les fait; si leurs parents, leurs amis ou leurs directeurs les traitaient avec moins de ménagement, elles feraient moins de mal à leur prochain comme à la religion, et se corrigeraient peut-être, avec le temps, de leur manie de tout critiquer et de voir du mal partout.

Il ne faut cependant pas trop demander à ces pauvres créatures qui ne peuvent pas rester à prier à la Grotte toute la journée, n'ont rien à faire, ou ne font pas grand'chose, et ne trouvent d'autre passe-temps que celui de broder un peu sur tout, et de tricoter hommes et choses. Puis, circonstance atténuante, une grande loquacité n'est jamais l'indice d'une grande intelligence, dit l'Ecriture sainte, et si ces personnes parlent beaucoup et longtemps, c'est qu'elles n'ont rien à dire de sensé, ni d'un intérêt quelconque.

Pour donner une idée de la portée de leur esprit et de leur instruction religieuse, il me suffira de citer ce fait, qui démontre combien est étrange le côté naturel de Lourdes. Passant un jour auprès d'un groupe de ces personnes des plus actives, des plus remuantes et des plus parlantes qui faisaient de la broderie à l'ombre de l'abri, l'une d'elles, qui passait régulièrement à Lourdes la plus grande partie de l'année, me dit d'un air navré : « Mon Père, mon pauvre petit chien est bien malade, et je crois qu'il va bientôt mourir; pensez-vous qu'on puisse me dire une messe pour sa guérison ? »

La pauvre chère âme ne se doutait pas le moins du monde qu'elle venait de dire une horrible monstruosité. Quand on voit des habitués de la Grotte capables de pareils sentiments vis-à-vis de ce que la religion a de plus sacré, de plus auguste et de plus sublime, il ne faut pas s'étonner si bien des misères viennent parfois attrister le cœur des pèlerins qui ne font pas assez la part des faiblesses de notre pauvre nature humaine.

Comme contraste à ce fait, je dois citer celui d'une autre vieille fille qui mériterait bien le prix Monthyon ; mais elle ne l'aura pas, car elle n'agit que pour celui que Dieu seul peut donner. Servant un vieillard malade et ruiné par des désastres financiers, un jour elle me donna, faute d'argent, la plus grande partie de son linge pour les cinq Hongroises venues à Lourdes pieds nus, et dont il sera question vers la fin de ce livre.

Une autre fois, une mère de famille, veuve et plongée dans la dernière misère, vint lui dire que son propriétaire allait la mettre à la porte de sa mansarde, ne pouvant pas lui payer les vingt-cinq francs de loyer qu'elle lui devait depuis longtemps. Notre bonne et pauvre vieille fille n'avait pas un centime, mais elle avait une belle chevelure. Une idée lumineuse la saisit, elle court chez un coiffeur et lui dit : — Combien me donnez-vous de mes cheveux ?

Le coiffeur les examine, les admire, et lui répond : Vingt francs.

— Non, ce n'est pas assez, j'en veux vingt-cinq.

Les vingt-cinq francs sont finalement donnés et versés dans les mains de la pauvre mère de famille, qui ne s'attendait guère à cette admirable générosité.

Cependant, pour ne rien exagérer, il faut ajouter qu'à côté de ces quelques brouillons des deux sexes, et des maniaques que la charité force à ménager pour ne pas achever de détraquer le peu de cervelle qui leur reste, on voit aussi, parmi ces habitués du sanctuaire, des hommes et des femmes d'une piété sincère, éclairée, profonde, et d'une vertu vraiment admirable. Ce qu'on trouve, particulièrement dans la colonie, de foi, d'abnégation et de zèle pour la gloire de Dieu, le salut des âmes et le dévouement à l'Église ainsi qu'aux malades, dépasse tout ce que les gens du monde peuvent imaginer, et force l'admiration des plus indifférents, des plus envieux et de ceux qui n'admirent habituellement qu'eux-mêmes.

L'émancipation de la langue est, à Lourdes comme partout ailleurs, une des plus grandes misères du personnel inoccupé, dans les familles et les centres où ce personnel domine. Si je dis personnel, c'est que cette émancipation existe aussi chez les hommes, et que, sous prétexte que la grammaire déclare la *langue* du genre féminin, ils ne veillent pas assez sur ses écarts, toujours plus graves quand ce n'est point une langue de femme qui parle. Hélas ! la langue n'a ni sexe, ni nationalité, car elle est de tous les genres, de tous les pays, et personne n'en a le monopole.

Ces misères, naturelles dans toutes les classes et partout, jurent à Lourdes plus qu'ailleurs ; c'est une fausse tonalité qui choque d'autant plus qu'on ne s'attend à voir autour de ce sanctuaire béni que des âmes d'élite. Mais les esprits superficiels seuls se plaignent de ce fait naturel, qui paraît providentiel à l'homme d'étude, et même nécessaire, pour faire mieux ressortir le doigt de Dieu dans le côté surnaturel des faits merveilleux qui se passent aux roches de Massabielle.

CHAPITRE II

Deux mots sur les âmes malades à Lourdes. — La petite Bernadette. — Les apparitions, d'après la *Petite histoire*, publiée par les Pères, dans les *Annales de Notre-Dame de Lourdes*.

AVANT d'arriver au récit des apparitions de la Vierge Marie à la petite Bernadette, il est bon de dire quelques mots sur les personnes dont l'âme est plus ou moins malade, et qui viennent à Lourdes soit pour y chercher leur guérison, soit en désœuvrés qui passent ou s'arrêtent sans trop savoir pourquoi. Parmi ces dernières on en voit beaucoup qui voyagent en touristes, sans autre but que celui de se distraire, de tuer le temps, et qui s'arrêtent à Lourdes, comme une feuille morte s'arrête quand le vent ne la pousse plus. Quel est le vent qui les a poussées vers la grotte ?

On entend souvent des observateurs humouristiques dire que les maladies du corps se guérissent plus facilement à Lourdes que celles de l'âme, parce que, le naturel s'y faisant jour de tous côtés, on y voit, dit-on, des cerveaux fêlés, de pieux hystériques et de mauvaises langues. Ces pauvres invalides passent une bonne partie de l'année auprès de ce sanctuaire, y suivent tous les offices, boivent de l'eau miraculeuse, s'en lavent journellement les yeux, ne voient pourtant pas leurs défauts, et restent mal équilibrés, nerveux, médisants, incurables en un mot.

C'est possible; mais si ces personnes n'abusent pas positivement de la faveur spirituelle que Dieu leur accorde en leur permettant de demeurer sur cette terre bénie, et d'y devenir meilleurs en voyant la Providence y semer le surnaturel à pleines mains, c'est parce que la perfection ne se trouve nulle part ici-bas. D'ailleurs, ces malades seraient pires s'ils ne restaient pas à Lourdes. L'air spirituellement salubre qu'on respire aux roches de Massabielle, profite forcément à l'âme, et si le malade vicie par sa volonté l'efficacité de cet air divin, il ne peut pas détruire en lui toute son action bienfaisante.

Combien d'âmes frivoles, légères et mondaines qui n'ont qu'une religion de surface et de fantaisie, piété de raccroc et de circonstance, combien d'âmes langoureuses, aux rêveries vagues ou malsaines, combien d'âmes flétries, énervées ou nonchalantes qui manquent d'énergie et de force quand il s'agit d'actes de foi, de vertu, d'amour de Dieu, mais courageuses et robustes, aux muscles d'acier, à la volonté de fer, quand il s'agit de leurs plaisirs, de satisfaire les *devoirs du monde*, leurs goûts, leurs idées, qui viennent à Lourdes comme des oiseaux de passage et subissent ainsi la fascination de la Grotte !

Dans les salons les plus brillants, on voit beaucoup de ces âmes qui passent leur vie dans la nullité la plus absolue, la plus énervante et la plus puérile; elles pourraient s'élever dans les régions les plus sublimes de la divinité, voler dans les sphères les plus hautes de la contemplation de Dieu, de ses mystères, de ses gloires et des choses célestes, mais, frappées d'une sorte d'anémie coupable, elles préfèrent donner aux anges, aux hommes le triste spectacle d'une faiblesse honteuse et les douleurs d'une défaite sans combat. Eh bien, ces pauvres âmes s'arrêtant à Lourdes, en revenant des stations thermales voisines, se sentaient galvanisées en s'agenouillant à la Grotte, aimantées par Marie, pleuraient leurs misères en priant avec les pèlerins et promettaient... Que ne promettaient-elles pas ? Combien d'heures ou de jours duraient leurs promesses ? Que restera-t-il pour elles de ces promesses ou de ces souvenirs ? C'est le secret de Dieu ?

Quant aux âmes endolories par des souffrances morales ou physiques, imaginaires ou réelles, mais fortement empreintes de *névrosisme*, elles forment un énorme bataillon, recruté surtout parmi les femmes et les filles jeunes ou vieilles de toutes les classes de la société. Beaucoup de leurs misères sont aigries par des souvenirs ou des pressentiments, des rêves ou des regrets, des idées ou des sentiments qui parfois feraient sourire les confidents de ces douleurs équivoques. Quoi qu'il en soit, ces âmes ne s'en vont peut-être pas guéries, ce qui souvent serait difficile, vu l'absence de mal, mais elles partent toujours plus ou moins contentes et satisfaites de leur visite au sanctuaire de Marie.

Maintenant, disons un mot sur la principale héroïne des faits que nous allons raconter. Marie-Bernarde Soubirous, de Lourdes, appelée communément du nom familier de Bernadette, était en 1858, époque des apparitions, une petite fille de quatorze ans, grêle, chétive et maladive. Sa famille vivait de travail et dans une pauvreté qui souvent devenait misère. Dès son berceau, Bernadette souffrit d'un asthme qui fatiguait sa faible poitrine; elle fut nourrie à Bartrès, paroisse voisine, et la plus grande partie de son enfance s'écoula sur les coteaux tranquilles de ce village, priant et gardant un petit troupeau de brebis.

Rien ne la distinguait des autres enfants du village. On l'avait laissée sans instruction, car son intelligence atteignait à peine la mesure commune, et l'oppression habituelle dont elle souffrait, éteignait en elle la vivacité du premier âge. Simple, naïve, facile à l'obéissance, aimante, tout était candeur en elle, le regard, la parole et la physionomie. Dans ce cœur aimé de Dieu, l'innocence baptismale devait vivre intacte, tant il se sentait porté vers les choses saintes.

Depuis son retour de Bartrès, Bernadette faisait à haute voix la prière du soir pour la famille entière. Elle ne commençait que lorsqu'elle s'était assurée que tout le monde fut à genoux. Sa tenue était très respectueuse, recueillie, et jamais elle ne s'appuyait sur un meuble pour se reposer. La simple enfant priait beaucoup; elle aimait la prière, et surtout la prière des petits et des simples : le chapelet. Avec son chapelet, elle parlait souvent, pendant le jour, à la sainte Vierge, qui l'aimait, la laissait grandir humble, pieuse, et l'attendait. A l'âge de quatorze ans, nous l'avons dit, Bernadette quitta Bartrès, et revint à Lourdes, pour se préparer à faire sa première communion.

Etant obligé de raconter l'histoire fort simple des apparitions de la sainte Vierge à Bernadette, avant de commencer le récit de mes observations et de mes impressions personnelles, c'est dans la *Petite Histoire de Notre-Dame de Lourdes* que je puiserai les faits, et cela pour plusieurs raisons. La première, c'est que cette histoire, publiée dans les *Annales de Lourdes*, fut écrite par les pères missionnaires, tous nés dans le pays, tous parlant les idiomes du pays, et tous offrant par leur caractère aussi bien que par leur situation des gages de la plus parfaite sincérité, comme on en verra plus loin la preuve incontestable.

BERNADETTE

Une autre raison, c'est que la *Petite Histoire* est, sauf l'ouvrage du Dr Boissarie, la seule exacte, la seule simple dans sa gracieuse naïveté, la seule dépourvue de cette fantasmagorie littéraire qui ferait facilement du conte de *Peau d'âne*, un drame des plus émouvants. Dans la *Petite Histoire*, les personnages sont restés ce qu'ils étaient, et n'ont point été transformés en héros de roman ou de théâtre, afin de dramatiser des récits et des scènes que les faits ne comportaient pas. Elle n'imagine rien, n'invente, n'exagère et ne dénature rien.

A ce sujet, voilà ce qu'écrivait, le 15 décembre 1872, le père Sempé, supérieur des missionnaires de Lourdes, à Mgr Pichenot, alors évêque de Tarbes :

« Dans le prospectus des *Annales de Notre-Dame de Lourdes*, nous avions promis de donner le récit détaillé des apparitions, et d'indiquer le reste de l'histoire, comme on l'a fait en réalité.

« Dans le commencement, M. Lasserre nous interrogeait avec inquiétude sur ce récit promis ; nous lui avions proposé de l'écrire lui-même dans les *Annales ;* sur son refus, l'un de nous l'entreprit.

« Nous avions tous les éléments nécessaires pour ce travail. Rapprochés des événements lorsqu'ils s'accomplirent, nous en avions attentivement suivi le cours. Nous avions vu Bernadette bien souvent et bien avant M. Lasserre. Nous l'avions interrogée peu de temps après les apparitions, et nous avions les notes écrites de plusieurs interrogatoires.

« Depuis deux ans, nous étions sur le théâtre même des faits, environnés de témoins qui avaient entendu, vu, touché. Nous interrogeâmes minutieusement ces témoins, et en particulier ceux qui nous parurent importants et que M. Lasserre n'avait jamais interrogés jusqu'alors, tels que la sœur de Bernadette, sa nourrice, ses deux tantes, dont l'une l'accompagnait habituellement à la Grotte durant les apparitions, les compagnes des deux premières apparitions et plusieurs autres.

« Il résulta des dépositions de ces témoins naïfs, interrogés séparément, et qui ne se contredisaient ni avec eux-mêmes, ni entre eux, il en résulta la connaissance de détails intéressants et édifiants sur l'enfance de Bernadette et les deux premières apparitions. Ces détails passèrent scrupuleusement, et dans leur naïveté, dans la *Petite Histoire*.

« Vous venez, Monseigneur, de faire une enquête sur ces faits. Vous avez interrogé quelques-uns de ces témoins; ils vous ont raconté ces mêmes détails recueillis dans la *Petite Histoire;* vous avez constaté la droiture et la franchise des dépositions et la réalité des faits. »

Ces quelques lignes suffisent pour légitimer mon choix dans le récit des apparitions, récit simple et simplement raconté par les missionnaires, sans toutes ces fleurs de rhétorique, fleurs artificielles qui décorent souvent aux dépens de l'exactitude les faits les plus insignifiants, et sont capables parfois de métamorphoser une idylle en un drame à sensation.

*
* *

Le 11 février 1858, vers le milieu d'une froide journée, Bernadette, avec sa sœur Marie, plus jeune qu'elle, et une deuxième compagne, descendait le bord du Gave par la prairie voisine de Massabielle, en cherchant des débris de bois pour le foyer de famille.

Le canal qui meut le moulin et la scierie contournait alors le rocher, et comme le Gave était très bas à cette saison, un petit banc de sable et de cailloux restait en sec entre les deux courants; il allait, en se rétrécissant, se perdre à la jonction des eaux au delà du Gave.

A l'extrémité de la prairie, Bernadette dit à ses compagnes :

— Allons par ces pierres, voir où le canal finit.

Elles descendirent jusqu'en face de la grotte, alors pleine de sable parsemé de petites branches entraînées par le courant. Marie et l'autre enfant ôtèrent aussitôt leurs bas; mais Bernadette hésitait.

— Je n'ose pas me mettre à l'eau, dit-elle, enrhumée comme je suis.

— Reste là, dit Marie d'un air décidé, je vais, moi seule, finir notre charge.

Les deux fillettes mettent dans leur tablier bas et sabots, prennent leur léger fagot sous le bras et entrent dans le canal. L'eau, mal tarie pour la réparation du moulin, était assez haute en cet endroit et embarrassait un peu les enfants. Bernadette, avec son instinct de pudeur, délicat jusqu'à la sévérité, fut choquée de ce que ses compagnes ne gardaient pas la modestie rigoureuse qu'elle voulait; aussi dit-elle vivement à sa sœur :

— Marie, allons ! laisse plutôt mouiller le bord de ta robe.

La cadette n'osa pas désobéir; son vêtement toucha la surface de l'eau, puis se glaça quelques instants après. Les deux enfants crièrent en traversant que l'eau du canal était très froide, et allèrent en toute hâte s'accroupir pour réchauffer leurs pieds.

Bernadette voulait passer; comme il se trouvait à sa portée beaucoup de cailloux, elle jeta dans le courant les plus gros qu'elle put soulever, pour se faire un chemin praticable en sabots, mais elle ne réussit pas. Sa sœur s'offrit alors de repasser pour la porter sur le dos.

— Oh ! tu me jetterais à l'eau, dit Bernadette ; non, non, tu es trop petite.

L'autre compagne était plus robuste et plus grande. Bernadette lui demanda timidement de la venir chercher.

— Non !... dit-elle, en accentuant son refus par un de ces jurons auxquels les enfants du peuple se familiarisent trop facilement.

— Ah çà ! lui dit vivement Bernadette, si tu veux jurer, va-t-en ailleurs qu'ici.

— Et pourquoi pas ici comme ailleurs ?

— Allons ! c'est très mal, et tu ferais bien mieux de prier le Bon Dieu.

La jeune fille riposte en la traitant dérisoirement de dévote. Pourtant elle se radoucit et offre à Bernadette de la venir prendre.

— Non, puisque tu jures ainsi, je ne veux pas, et c'est la dernière fois que nous allons ensemble. Marie, je te défens de faire compagnie avec elle !

Bernadette finit par se décider à se déchausser pour franchir le canal. Appuyée sur une grosse pierre, elle s'était penchée sur un de ses pieds. Un coup de vent éclate à côté d'elle. Bernadette se lève, étonnée de cet ébranlement soudain dans le calme parfait de l'air. Pas une branche ne remuait aux peupliers du bord ; le bruit avait cessé. Surprise, mais pressée de rejoindre sa sœur, elle se courbe de nouveau pour quitter le second bas. Le souffle sonore passe encore, rapide, et se brise contre la roche. L'enfant se redresse avec anxiété, regarde dans la grotte. Un magnifique églantier croissait alors dans la niche et penchait jusqu'à terre ses innombrables branches dépouillées. Elle le voit légèrement agité.

Tout à coup, la niche et le rosier s'illuminent, et au milieu de la clarté, dans l'anfractuosité du rocher, une dame brillante, jeune, admirablement belle, les pieds posés sur la *haie*, comme disait la fillette pour désigner le rosier sauvage, la salue de ses bras pendants, gracieusement courbés vers elle, de sa tête qui s'incline avec bonté, du plus doux des sourires . . . .

Bernadette se frotte les yeux, cherche d'instinct dans sa poche, déploie son chapelet, et, pour se protéger, en se signant, porte la main à son front. Son bras tombe inerte, et c'est en vain qu'elle fait effort pour le soulever. Une vague inquiétude la pénètre. Mais, à ce moment, la Dame, de sa main droite, prend la croix d'un chapelet que l'enfant n'avait pas encore aperçu pendant au poignet gauche, fait un grand signe de croix et, par un sourire d'une ineffable bénignité, semble dire à l'enfant : fais comme moi. L'enfant l'imite et son bras obéit librement. La Dame joint ses mains et roule les grains de son chapelet entre ses doigts. Bernadette récite son chapelet.

Sa sœur la regardait faire depuis un instant. Elle la vit pâle, l'œil fixe, remarqua le double mouvement du bras, et son attitude immobile, attentive de la prière.

— Tiens, dit-elle à sa compagne, regarde Bernadette qui prie.

— Oh ! la dévote! répondit l'autre, quelle idée

de venir prier ici ! C'est bien assez de prier à l'église !

— Bah ! laissons-la faire. Celle-là ne sait que prier Dieu.

Elles ne firent plus attention à Bernadette et, pour chasser le froid, elles se mirent à sauter et à courir en ramassant de petites branches. Bernadette restait immobile, à genoux, regardant toujours la Dame mystérieuse, si douce et si belle. Avec une grâce et une bonté ravissantes, la Dame lui fit du doigt signe d'approcher, sans autre appel que ce geste et son sourire. Bernadette n'osait remuer. Enfin, la Dame étend les bras, s'incline doucement, sourit comme pour un adieu.

Bernadette revoit le rocher froid, l'églantier nu, puis elle aperçoit ses compagnes qui jouent et parlent. La niche était vide. Elle se lève, finit d'ôter ses bas, entre dans l'eau que son asthme lui faisait appréhender, et pousse un cri de surprise (1).

— Oh ! menteuses que vous êtes ! dit-elle, vous disiez que l'eau était bien froide, et moi je la trouve toute chaude.

— Oui ! joliment chaude, répliquent les enfants, l'eau du Gave chaude en hiver !

— Eh bien ! je vous dis que je la trouve douce comme l'eau pour laver la vaisselle.

(1) Bernadette compara la température de cette eau à « *l'eau de la vaisselle* » ; ce sont ses propres termes.

— Allons donc! dit la petite Marie, et moi j'ai les pieds enflés par le froid et qui saignent.

Elle se baissa pour toucher les pieds de Bernadette, et les trouva chauds. Sa compagne vint les palper également et ne fut pas moins étonnée que Marie de ce fait. Bernadette put remettre ses bas aussitôt, tandis que les deux autres enfants n'avaient pu le faire encore. Après un moment, elle leur demanda d'un air de mystère :

— Avez-vous vu quelque chose, vous autres ?

— Non! et toi, est-ce que tu as vu quelque chose?

— Alors... moi non plus, répondit Bernadette, après un moment d'hésitation et très embarrassée.

— Voir une Dame blanche, lui disait-on plus tard, là-haut, dans cette ouverture noire, en un endroit si sauvage, oh! moi j'aurais été épouvantée. Et toi, est-ce que tu n'as pas eu peur ?

— Peur! répondit-elle, avec un sourire d'admiration, oh! non, elle était si jolie!

Les trois petites filles descendent ensuite la rive du Gave jusqu'au bois voisin, s'attardent en cherchant des os dans l'espoir que des marchands leur en donneront quelques sous; puis, ayant lié leur fagot, elles grimpent les pentes qui les séparent du chemin de la forêt, au-dessus de la crête de Massabielle. Les deux sœurs restèrent seules, leur compagne ayant pris les devants. Mais à moitié de la distance, la montée étant très escarpée, Marie, n'en pouvant plus, jette le fagot et dit de mauvaise humeur:

— Je le laisse, et m'en retourne en ville toute vide.

— Allons! dit doucement Bernadette, attends, nous porterons le fagot, n'aie pas peur.

Et elle le charge sur sa tête, gravit le sommet avec lenteur, et soufflant péniblement. Marie reprit la charge, et tandis qu'elles descendaient le chemin, Bernadette dit à sa sœur :

— Je veux te confier quelque chose, mais ne le dis pas à nos parents, ils me gronderaient. Tu sais, quand je suis restée à genoux? Je voyais dans ce trou de la roche une dame blanche avec une ceinture bleue, un chapelet et une grande clarté! Elle était jolie comme ces enfants de cire...

— Tu es une imbécile, lui dit sa sœur en l'interrompant; il te l'a semblé... que peux-tu avoir vu là?

— Si, si! ma chère, je l'ai bien vue, mais ne le dis pas...

Arrivées à la maison, leur mère les gronde un peu d'être restées si longtemps dehors, et les fait manger. Marie, un moment entre les genoux de sa mère, ne sut plus retenir un secret trop importun et livra la confidence de Bernadette. La mère s'alarme, appelle bientôt Bernadette qui lui raconte naïvement sa vision, tandis que sa sœur s'était esquivée pour aller jouer chez les voisins. Marie, rappelée par sa mère, rentre en maugréant, et raconte à son tour comme elle a vu sa sœur. La femme Soubirous, désolée, gronde Bernadette de croire à pareilles choses, lui défend d'en parler, et, se troublant elle-même : — Mon Dieu, se dit-elle, c'est peut-être un mauvais esprit!... Ah! pauvre enfant, la belle chose que tu fais là! Je te défends de jamais aller à cette rive de Massabielle.

CHAPITRE III

Suite des apparitions. — Bernadette asperge la dame avec de l'eau bénite. — La dame dit à Bernadette de venir pendant quinze jours. — Arrivée des multitudes à la grotte.

Le soir, Bernadette faisait à haute voix la prière qu'elle avait apprise en patois au village. Selon sa coutume, elle allait dire plusieurs fois : O Marie conçue sans péché, priez pour nous ! Mais à la première invocation, un sanglot étouffe sa parole. Elle continue. Des sanglots encore coupent les syllabes dans sa gorge.

— Mais, qu'as-tu donc, Bernadette ? dit la mère avec anxiété ; puis, ôtant de dessous la cheminée la chandelle de résine, elle regarde le visage de sa fille. A cette faible lueur, elle le vit fort pâle et deux larmes arrêtées au-dessous des yeux.

La pauvre fillette pensait sans doute à la Dame de la grotte, à sa prière de Massabielle, et le doux souvenir de sa vision se traduisit par un délicieux attendrissement qu'elle ne put maîtriser. Sa mère eut un sommeil troublé. Les récits du jour, les sanglots étranges du soir avaient mis dans son âme une inquiétude poignante. La pensée que son enfant serait poursuivie par l'esprit malin lui donnait une frayeur dont elle ne pouvait se débarrasser. Sa fille parlait avec tant de candeur qu'il était impossible de douter qu'elle eût vu ce qu'elle disait. Ses angoisses l'engagèrent à demander conseil à des amies. Ses confidences et les paroles étourdies de la petite Marie mirent en circulation, dans le quartier, la vision de Bernadette.

On comprend que le souvenir de cette vision, de cette dame belle, bonne, souriante, qui l'avait appelée du doigt et du regard, fût toujours présent à l'esprit de Bernardette. Revoir la Dame du rosier devenait un besoin, et la Vierge, en allumant ce désir ardent dans le cœur de l'enfant, commençait à prendre possession de celle qu'elle avait choisie pour se manifester. Mais la défense de sa mère, ses paroles affligées et son air de tristesse détournaient Bernadette de solliciter la permission d'une promenade aux roches de Massabielle.

Le dimanche, 14 février, au sortir de la grand'-messe, vers onze heures, plusieurs petites filles vinrent trouver Bernadette, et lui dirent :

— Veux-tu que nous allions ensemble à la grotte ?

— Oh ! je le voudrais bien, moi, mais ma mère ne le veut pas.

— Peur-être, si nous l'en prions bien ; essayons-toujours.

Et toutes ensemble assiègent la femme Soubirous de sollicitations et de promesses. Elles promettent d'être sages, de ne pas tomber dans le Gave, et de revenir pour vêpres. Elles n'ont rien à craindre, elles sont nombreuses, quelques-unes sont grandes, et la petite Marie, ardente et volontaire, presse plus que les autres. La mère cède, mais en faisant, d'une voix pleine de sollicitude, les plus pressantes recommandations.

— N'ayez pas peur, répondent ensemble les petites filles. Partons, partons !

— Ah ! çà, maintenant, dit Bernadette avec une gravité qui leur imposa, ne pensez pas aller faire des folies là-bas, entendez-vous ? Nous devons être sages et bien prier le bon Dieu. Avez-vous votre chapelet ?

Deux ne l'avaient pas, elles coururent le chercher.

— Je ne sais pas ce qu'elle est, cette Dame, poursuivit Bernadette, peut-être est-ce quelque chose de méchant... Moi, je ne m'en vais pas comme ça. Je veux emporter de l'eau bénite.

Elle prit une petite bouteille, et comme la maison Soubirous était proche de l'église, la petite compagnie s'y rendit pour prier et permettre à Bernadette de se pourvoir d'eau bénite, puis s'aventura vers Massabielle. En chemin, plusieurs jeunes filles curieuses vinrent augmenter le groupe, de sorte qu'elles se trouvèrent près d'une vingtaine lorsqu'elles arrivèrent aux roches. Elles descendirent la pente escarpée de la rive en récitant des

Ave Maria, s'agenouillèrent autour d'un bloc de pierre, à l'entrée de la grotte, et, pendant quelques instants, elles égrenèrent leur chapelet en silence.

— Elle est là ! crie tout à coup Bernadette d'un accent mêlé de frayeur et de joie. La voyez-vous ? et elle étend son bras vers l'ouverture au-dessus de l'églantier.

Les enfants regardent et disent qu'elles ne la voient pas.

— Si, si ! elle est là..., elle sourit... — la voix de Bernadette devenait douce et son visage s'épanouissait.

— Oh ! voyez, elle salue...

— Nous ne voyons pas, tu es sotte, il n'y a rien.

Bernadette tire de sa poche la petite bouteille, envoie de l'eau bénite sur la Dame, mais ne l'atteint pas. Elle se lève, s'avance d'un pas, lance plusieurs fois de l'eau bénite, qui retombe en gouttes sur les branches du rosier, et dit en même temps :

— Si vous êtes de la part de Dieu, venez.

Mais ses compagnes n'entendirent rien et ne comprirent même pas qu'elle parlait. La Dame sourit, se rapprocha de Bernadette, se pencha... L'enfant dit à ses compagnes :

— Quand je lui jette de l'eau bénite, elle lève les yeux au ciel et me salue.

Rassurée, vaincue, Bernadette cessa d'asperger l'églantier, resta quelques instants les bras à demi baissés et regardant toujours la belle Dame.

— Mais que fais-tu, imbécile? crièrent les enfants.

— Eh! vous ne la voyez pas? répétait Bernadette d'un son de voix langoureux, pénétré d'admiration et profondément attendri, mais elle est là... elle nous regarde... elle sourit... maintenant elle tourne la tête... voyez ses pieds... sa ceinture vole... voyez, elle a le chapelet roulé autour de son bras... Oh! elle est si belle!... Elle a une petite figure qui semble de cire... A présent elle prend son chapelet... elle se signe...

Bernadette se tut, s'agenouilla, déposa par terre la bouteille, fit avec le petit crucifix de son rosaire un grand signe de croix, puis devint immobile. A genoux, les mains jointes, le chapelet entre les doigts, le corps tendu, comme attiré par une force d'en haut, pâle, les lèvres décolorées, les yeux élevés et fixes, elle restait là, comme la statue d'une sainte ravie. Ses compagnes la laissèrent un peu dans sa paix surhumaine, mais pas longtemps.

Tout à coup, elles entendent au-dessus de leur tête une pierre rouler en bondissant sur les anfractuosités de la roche. A peine lèvent-elles les yeux qu'elle tombe à côté du groupe. C'était la compagne de Bernadette, du jeudi précédent, qui, par une espièglerie méchante, faisait rouler cette pierre. Effrayées, les enfants se blottissent instinctivement et poussent des cris de colère; Bernadette seule ne remua pas et n'agita même pas les paupières.

Bientôt les petites filles, ennuyées, lui dirent :

— Eh bien ! que fais-tu là ? veux-tu te lever ? Allons-nous-en.

Comme elle ne bougeait pas, elle se mirent à la pincer, à la tirer en arrière, et l'appelaient folle, niaise. Bernadette n'entendait rien, ne sentait rien. Deux des plus grandes, ayant environ seize ans, dirent à la petite Marie :

— Vois comme elle est pâle, elle tourne les yeux... Mon Dieu ! moi, j'ai peur... elle pourrait mourir comme ça.

Une d'elles se détacha pour aller chercher du secours au moulin, quoique rien, dans le visage de Bernadette, ne dût effrayer. Elle n'était point livide et ne s'affaissait point; mais son immobilité, la fixité de son regard, une sorte de transparence du visage, frappaient de terreur ces imaginations d'enfants. Dans cette suspension de la vie vulgaire, elles voyaient la mort. Elles voulurent l'enlever de force, mais Bernadette résista longtemps, en disant : Je ne m'en irai pas... je la vois toujours... je veux rester ! Une femme vint aider les jeunes filles et elles l'entraînèrent au moulin, malgré la résistance de Bernadette, qui voyait toujours la belle Dame, quoiqu'on lui couvrît les yeux pour l'empêcher de voir. La famille du meunier remarquait avec étonnement la beauté de l'enfant, et se souvint toujours de la blancheur de ses joues, de la lumière de son regard et de son doux visage, qui semblait alors être de cire.

Bernadette souriait, et des larmes détachées et brillantes roulaient parmi ses sourires.

On alla alors chercher la femme Soubirous qui vint en toute hâte, et retrouva sa fille redevenue elle-même, avec son visage ordinaire, douce et patiente devant la colère de sa mère. La pauvre femme gronda sévèrement sa fille, voulait la battre, et s'écriait :

— Malheureuse! qu'arrivera-t-il de tout ceci ? Tu nous fera mettre en prison !

Quand le groupe revint à la maison, il était accompagné d'une foule assez nombreuse, car la nouvelle de ces apparitions commençait à se répandre, grâce à ces incidents, ainsi qu'aux indiscrétions des petites filles, qu'on s'empressait d'interroger; aussi, dès le soir même de ce dimanche, Lourdes ne s'entretenait guère que de Bernadette et de ses visions.

Le mercredi suivant, une dame très désireuse de la voir dans son extase et qui connaissait bien sa mère, vint lui demander d'emmener la petite fille à la grotte le dimanche d'après. La femme Soubirous n'eut pas la force de refuser. Cette dame, joyeuse, mais n'osant trop aller à la grotte seule avec l'enfant, obtint d'être accompagnée d'une jeune congréganiste des Filles de Marie. Celle-ci, peu curieuse, exigea que la visite se fît le lendemain plutôt que le dimanche au point du jour, afin d'éviter toute publicité. S'imaginant, en outre, que si cette mystérieuse apparition était réelle, c'était sans doute celle d'une âme du purgatoire, elle emporta de l'encre et du papier, pour inviter le mystérieux visiteur de Massabielle à faire connaître ses volontés ou ses besoins.

Le jeudi, 18 février, après la première messe, les trois personnes cheminaient vers le rocher. La dame parlait fortement à Bernadette et la menaçait de la faire châtier, dans le cas de supercherie. Arrivée près de Massabielle, Bernadette prend les devants d'un pas rapide et descend avec une étonnante agilité. Ses compagnes ne purent la suivre, et marchèrent l'une après l'autre, faisant tous leurs efforts pour la rejoindre. La jeune personne, qui venait la dernière, arrivait tout essoufflée au bas de la descente, au moment où Bernadette revint de la grotte, le visage ouvert et joyeux :

— Elle y est, dit-elle doucement.

— Ecoute, fillette, lui dit la dame en agitant sa main avec un air de menace, si tu dis que tu vois quelque chose sans rien voir, gare à toi !

Elles arrivent devant l'églantier. — Oh ! elle y est, répète l'enfant, la voilà ! La congréganiste s'était munie d'un cierge bénit, elle l'alluma, le posa contre un rocher, et toutes trois se mirent à genoux, le chapelet à la main. Les deux grandes personnes ne remarquèrent rien d'extraordinaire en Bernadette. Quand elles eurent fini leur chapelet, la congréganiste remit à l'enfant le papier, la plume plongée dans l'encrier, et lui répéta la leçon déjà faite en chemin.

— Dis-lui qu'elle écrive qui elle est, ce qu'elle veut, si elle a besoin de messes ou d'autre chose; dis-lui qu'on fera pour elle tout ce qu'elle pourra demander; seulement qu'elle écrive.

Bernadette ne craignait plus, car les sourires qui répondirent à son exorcisme du dimanche, avaient dissipé toute frayeur. Elle s'avança jusqu'au pied de l'églantier, éleva le papier, la plume et resta les yeux fixés sur l'ouverture de la niche. Ses compagnes ne l'entendirent pas parler et ne virent aucun mouvement sur ses lèvres. Un moment après l'enfant abaisse ses bras, attend encore un instant, et revient avec le papier blanc.

— Eh bien ! qu'a-t-elle répondu ?

— Elle a souri, puis elle m'a dit : — Ce que j'ai à vous dire il n'est pas nécessaire de le mettre par écrit. *Faites-moi la grâce de venir pendant quinze jours.*

— Je l'ai promis, et elle m'a dit : — Je ne peux pas vous rendre heureuse en ce monde, mais dans l'autre, je vous le promets.

— Va lui demander, dit alors la congréganiste, si c'est un obstacle que nous venions avec toi.

Bernadette fait un mouvement pour repartir, mais elle s'arrête avec un air de surprise pénible, et dit vivement : — Oh ! Elle n'y est plus.

— C'est égal, reprend la jeune fille, retourne au pied du rosier, peut-être reviendra-t-elle.

Bernadette obéit. Après le premier pas, elle s'écria joyeuse :

— Elle est revenue.

Et l'enfant remonte le sable qui s'élevait en pente raide jusqu'au-dessous de l'églantier. Les deux autres personnes la suivent; mais Bernadette, en s'avançant, leur fait des deux mains, sans se retourner, un signe de se retirer. Elles vont alors se cacher derrière un rocher, en se demandant :

— Qu'est-ce que tout ceci ? Pourquoi, maintenant, sommes-nous exclues ? L'enfant revint bientôt auprès d'elles, en leur disant :

— Elle m'a dit que ce n'était pas un obstacle, et que vous pouvez venir.

— Mais pourquoi nous as-tu fait signe de reculer ?

— Ah ! la Dame, avec sa main, m'indiquait que vous ne deviez pas tant approcher.

Revenant à leur première place, elles s'agenouillent toutes trois un instant pour une dernière prière. La vision disparut. Toutes trois se dirigèrent ensuite vers la ville. Pendant toute la durée de l'apparition Bernadette avait conservé sa liberté d'allure. Ses compagnes n'observèrent en elle ni saisissement, ni transfiguration, et ne croyaient à rien de réel encore. Elles pressèrent néanmoins de questions la petite fillette qui leur répondait avec simplicité. Parmi d'autres détails, elle dit à la congréganiste :

— Elle vous a regardée longtemps, et Elle a souri vers vous. La jeune personne n'en fut pas impressionnée, ne soupçonnant pas alors de qui lui venaient ce regard et ces sourires.

Le secret des visites combinées avec tant de soin, le matin, entre les deux compagnes de Bernadette, était déjà connu quelques heures après, toute la ville sut la demande de la mystérieuse Dame, et beaucoup de curieux se dirent les uns aux autres : Nous irons.

La femme Soubirous entendit avec étonnement le récit de sa fille; ses craintes se dissipaient devant la confiance et la tranquillité de Bernadette; ce qu'elle lui disait de l'Apparition si brillante, si bénigne, si sainte, changeait ses pensées. Elle ne redoutait plus un enchantement du démon. Le soir elle appuya la demande que sa fille fit à son père d'aller à la grotte pendant la quinzaine. Soubirous rassuré donna sa permission, et recommanda de prier, disant que cette Dame blanche pourrait bien être l'âme d'un des anciens de la maison, venue en ce monde pour solliciter des secours. Dans cette pensée, des *Pater* et des *Ave* furent récités le soir par toute la famille réunie.

Le 19 au matin, Bernardette, après avoir entendu la sainte messe, partit pour la grotte accompagnée de sa mère. L'enfant revit l'Apparition au bout de quelques moments d'attente. Elle fut entourée d'un assez grand nombre de femmes qui commencèrent à s'apercevoir du merveilleux changement de son visage, son attitude extatique, son long silence, et se joignirent à sa prière. Ces personnes, étonnées de ce qu'elles avaient observé, se proposèrent de revenir voir encore, et leurs récits occupèrent toute la journée la ville entière du spectacle de Massabielle. Aussi, le lendemain, dès l'aurore, les abords de la grotte étaient-ils occupés par des centaines de curieux.

Bernadette vint, pria, captiva les nouveaux venus par son étrange beauté, comme par son recueillement inouï. Les témoins de cette matinée sortirent de Massabielle, bruyants, empressés de divulguer leurs impressions parmi la population de plus en plus surprise. La petite fille s'emparait des esprits sans s'en douter, et son nom était sur toutes les lèvres, au foyer, dans les rues, partout.

Les paysans des environs, venus à Lourdes pour leurs affaires, publièrent ces récits dans leurs villages; les voyageurs qui passaient quelques heures dans la ville, les disséminaient au loin, et la divulgation allant de proche en proche avec une étonnante rapidité, les événements de la grotte furent connus, dès les premiers jours, de la plaine et de la montagne. Le nombre des spectateurs grossissait chaque matin; après quelques jours, ils formèrent une multitude. On finit par compter par centaines les véhicules de toute sorte dont les remises, les cours et les bords des places étaient encombrés.

Par ces rudes matinées de février, on s'installait avant l'aube sur les pentes humides ou glacées de la grotte, avec des bougies allumées; pendant de longues heures on grelottait, on attendait, défendant sa place contre les nouveaux venus. Aujourd'hui, des personnes qui virent ce spectacle s'étonnent encore de ce que tant de femmes faibles, d'enfants et d'hommes ont eu le courage d'endurer de fatigue, de froid, de souffrance, et même de dangers, pour voir un enfant immobile pendant une heure devant un rocher sauvage.

Occupée de prières, de causeries et de contestations pour les places disputées, patiente dans sa longue attente, la foule énorme, qui se compta bientôt par des milliers, était assez tumultueuse. Lorsque des derniers rangs arrivait rapidement de bouche en bouche, jusqu'à la grotte, ce mot : — Bernadette ! Bernadette ! il se produisait aussitôt une grande ondulation dans la multitude qui se pressait pour la voir. L'enfant avait apparu sur la crête du rocher et descendait le sentier escarpé de la rive. Simple et modeste dans sa démarche, elle semblait ne pas soupçonner que tout ce monde était là pour elle; cependant, les regards de la foule paraissaient un peu la contrarier.

La multitude s'ouvrait avec respect, comme devant une reine, pour livrer passage à cette enfant pauvre et chétive, qui passait presque déguenillée, couverte jusqu'à la taille d'un vieux capulet blanc qu'elle avançait pour cacher son visage; parfois, elle était enveloppée tout entière dans le long capuchon noir des femmes de la Bigorre. Toutes les têtes d'hommes se découvraient à son passage. Arrivée devant la niche, Bernadette s'agenouillait en avant d'un rocher détaché, sur une pierre plate enfoncée dans le sable, qu'elle trouvait toujours libre, et que la foule faisait respecter, en disant à ceux qui l'occupaient par mégarde : — C'est la place de Bernadette.

A ce moment, tout bruit s'apaisait et faisait place au silence le plus profond que dominaient seuls les flots du Gave et quelques chuchotements de prières. Bernadette, tranquille et libre, le regard fixé sur l'ouverture du rocher, disait sur les grains de son chapelet un petit nombre d'*Ave Maria*. Soudain, un léger saisissement annonçait la visite auguste, ses deux mains s'élevaient un peu par un mouvement rapide et doux, tout semblait monter en elle, l'attitude et les traits, son visage blanchissant aspirait vers quelqu'un sur la hauteur. La foule recevait le contre-coup de cette tranformation; elle semblait voir la sainte Vierge sur le visage transfiguré de Bernadette, et murmurait, pleine d'émotion, ces mots :

— Maintenant ! elle la voit ! elle la voit !

L'enfant saisie, faisait bientôt, d'un geste doux, aisé des inclinations les plus gracieuses, qui témoignaient un profond respect. Elle se courbait encore, semblait répondre à des saluts mystérieux qui la charmaient. Puis, l'œil toujours fixe, elle traçait sur sa personne ravie, avec le crucifix de son Rosaire, un signe de croix solennel, plein de grâce et de foi, si noble et si beau, qu'on disait que seuls les saints du ciel doivent savoir le faire ainsi. Pendant plusieurs jours, sa main gauche tenait un cierge allumé; la droite remuait alors les grains de son chapelet; quand elle n'avait pas de cierge, ses mains se joignaient, et avec le pouce elle faisait rouler les grains sur ses doigts croisés.

Immobile et comme tendue par une attraction délicieuse, c'est alors qu'elle était belle, non de la fraîcheur vive et rosée qui nous fait sourire devant un visage d'enfant, mais d'une beauté supérieure, étrange, indéfinissable. Ses joues, extrêmement pâles, avaient une nuance suave, qui les faisait paraître comme étant traversées par la lumière; une rougeur légère, teignant à peine les pommettes et les lèvres, relevait cette blancheur de marbre. On vit quelquefois les lèvres se mouvoir, mais faiblement; presque toujours elles demeuraient fermées sans effort. Sur tout son visage s'épanouissait un sourire retenu, mais heureux et serein, un reflet de joie à peine commencé, mais infiniment doux, dans lequel se lisaient un respect, ainsi qu'une admiration immenses, mêlés d'un immense amour, qui démontrait la présence d'un être très grand et très bon. De temps en temps deux larmes tombaient de ses paupières toujours immobiles, roulaient comme des gouttes de rosée, sans se répandre ni mouiller le visage, et restaient longtemps brillantes sur ses joues blanches.

Un médecin, le docteur Dozous, qui, dès les premiers jours, étudiait avec curiosité les phénomènes de cette extase, n'a pas surpris en elle le moindre trouble maladif. Tout le monde voyait, sentait qu'elle était heureuse d'un bonheur inconnu; c'est qu'en ce moment la terre n'était rien pour son âme. Les spectateurs essayaient de découvrir l'invisible sur son visage; ils y plongeaient leurs yeux comme dans un miroir, pour y chercher l'image de ce qui la rendait si ravissante. Puis, sachant bien qu'ils n'apercevraient rien, ils regardaient envieusement dans la niche. Pour eux, elle était vide, froide, obscure. Qu'y voyait l'heureuse enfant? Elle a répété mille fois qu'elle était impuissante à le dire; cependant, à force d'interrogations ingénieuses, longues et minutieuses, voici les détails qu'on a fini par obtenir d'elle.

Bernadette voyait d'abord une lumière douce dorer la niche et le rocher. Puis tout se noyait dans la clarté grandissante; et sur le rosier sauvage, — *la ronce*, disait-elle, — apparaissait la Dame. Cette Dame était admirablement belle, son visage, le plus doux qu'on puisse rêver, jeune comme à quinze ans et d'une grâce infinie, des regards ravissants, des sourires d'une bénignité sans pareille, une tendresse de mère; dans cette bienveillance inénarrable et cette fraîcheur de jeunesse divine, une grandeur, une majesté dont l'enfant ne savait pas donner l'image.

Quand Bernadette avait répondu ces choses à mille questions qui lui faisaient donner ces détails qu'elle ne songeait pas à dire, elle ajoutait : — Elle était belle ! belle... plus que tout !

Un jour, devant des femmes du monde des plus distinguées et des plus brillantes, on lui demandait : — Etait-elle jolie comme ces dames ?

— Oh ! dit l'enfant en promenant sur elles un regard dédaigneux, bien plus *que ça !*

CHAPITRE IV

Quelques mots sur les visions, les révélations, et l'esprit fin de siècle. — Bernadette était-elle trompée, ou trompait-elle ? La vision. — La source. — Les piscines.

Vos fils, vos filles et vos jeunes gens auront des visions, et vous saurez par là que je suis au milieu d'Israël. » Ces paroles de Dieu à son peuple, nous indiquent le but des visions et des révélations qu'il accorde à ceux qu'il aime; ce but est de nous prouver qu'il est au milieu de nous, et qu'il veille sur nous. Plus loin nous donnerons la raison des apparitions de Lourdes ; mais nous pouvons déjà dire que si les visions et les révélations étaient nécessaires du temps du prophète Joël, pour affermir la foi des Israélites dans la présence et la providence d'un Dieu protecteur; si elles étaient non moins nécessaires dans la primitive Eglise pour affermir la foi des premiers chrétiens dans la divinité de Jésus-Christ et de l'Eglise catholique, elles ont toujours été nécessaires dans la suite des siècles, et surtout dans les temps d'indifférence, de sensualisme et de naturalisme où nous vivons. Aussi, les visions et les révélations ont-elles toujours été nombreuses et continuelles, comme le témoigne l'histoire.

Dans cette fin de siècle, nous avons l'esprit tellement tourné vers le mal que, lorsqu'on parle de visions et de révélations divines, le sentiment général de tous est de ne pas y croire. C'est notre première impression, presque un parti pris. Mais, quand on nous parle des phénomènes de l'hypnotisme, de ses différentes branches, plus ou moins spirites ou diaboliques et de ce qui se passe chez quelques sectes hindoustanes, nous devenons de suite d'une crédulité merveilleuse autant que puérile, et nous croyons ausitôt à tout, sans examen, sans contrôle, comme étant vrai, sans même chercher à savoir si l'on ne se moque pas de nous, d'une manière ou d'autre.

Quand les visions et les révélations s'imposent à notre croyance par des faits incontestables, notre seconde impression, presque aussi générale que la première, est de leur attribuer une cause naturelle, nerveuse, cataleptique, sinon diabolique. Je sais que le diable, les nerfs et l'imagination jouent un grand rôle dans la vie de certaines personnes maladives, mais on en abuse beaucoup trop pour abuser encore davantage de la crédulité publique. Si nous comprenions bien la signification et la portée de ces paroles divines : *Notre Père qui êtes aux cieux*, on s'étonnerait moins de ce que ce PÈRE se communique parfois, d'une manière sensible, à ses vrais enfants, ici-bas, que de ce qu'il ne se communique pas plus souvent aux êtres qu'il a créés précisément pour vivre éternellement avec lui.

Aucune des garanties exigées par Benoît XIV, comme preuves de la réalité de ces communications divines ne fait défaut à la petite Bernadette ; mais trompait-elle, ou ne pouvait-elle pas être trompée ? Ni l'un ni l'autre n'étaient possibles, car le mensonge ou l'illusion n'auraient pu résister aux interrogatoires les plus astucieux et les persécutions les plus habiles qu'elle eut à soutenir, à peu près de tout le monde, quoique par des motifs bien différents.

Non seulement elle reste simple, modeste, calme, naïve et toujours sans se contredire dans sa résistance à toutes les autorités, quelles qu'elles soient, qui ne veulent pas croire à la réalité des apparitions, mais la menace même de la prison, pour elle et ses pauvres parents, ne l'effraie, ni ne l'émeut en aucune manière.

— « On peut me conduire en prison, répond-elle à cette menace, mais ce que je dis est la vérité. »

Cette persécution ne servit qu'à mettre davantage en relief la sincérité de Bernadette, enfant chétive, ignorante, indigente, ne sachant pas lire, ne parlant que le patois, et n'ayant d'autre appui que celui de la Vierge immaculée qu'elle voyait à la grotte. Au bout de huit mois, la pression et l'oppression des autorités civiles et politiques, depuis le commissaire de police jusqu'au ministre n'aboutirent qu'à prouver la vertu, l'innocence et la véracité de Bernadette.

Quant aux différents phénomènes surnaturels présentés durant ses visions, ils ont eu pour témoins des milliers de personnes de toutes les classes de la société qui, presque toutes, ont pu vérifier la présence de la sainte Vierge à la grotte, sur le visage transfiguré de Bernadette. Quand ces phénomènes extérieurs sont produits par des hallucinations ou toute autre cause naturelle, ils amènent un désordre facile à constater dans l'organisme. Mais quand le surnaturel, quel qu'il soit, céleste ou diabolique, est la cause de ces phénomènes, il se révèle toujours, plus ou moins, sur le visage de la personne envahie ou touchée physiquement par le surnaturel. Mais revenons à la vision.

La Vierge, car tout le monde avait deviné que c'était elle, avait une robe d'une blancheur éclatante; une coulisse la fermait en plis gracieux à la naissance du cou; les manches étaient étroites. Un voile blanc couvrait sa tête jusqu'à la ligne du front; après en avoir suivi le contour, il tombait sur les épaules, enveloppait à peine les bras dans ses plis ondoyants, et descendait le long des côtés jusqu'aux talons. Une ceinture bleue ceignait les reins; les deux bouts passés l'un dans l'autre, sans double nœud, flottaient par-devant, larges et sans ornement, bien au-dessous des genoux. Les pieds se montraient nus hors de la robe traînante, et portaient chacun une rose jaune épanouie. A l'un des bras pendait un long chapelet, avec des grains d'un blanc brillant, une chaîne jaune étincelante, ainsi qu'un crucifix jaune comme la chaîne.

Toutes ces beautés apparaissaient dans une lumière d'un éclat immense et merveilleusement douce. Cette splendeur d'un autre monde enveloppait la Vierge d'un vêtement de gloire et rayonnait sans aucun scintillement. Bernadette plongeait avec ivresse son œil dans l'auréole resplendissante et pénétrait jusqu'à la *Dame.* Avec une entière liberté, du regard le plus facile et le plus clair, elle la contemplait longuement. Elle étudiait les traits du visage céleste, les plis des vêtements, elle admirait les mains fines et blanches, seuls les cheveux de la Vierge se sont toujours dérobés à sa vue. Mais quand on lui demandait de donner, par images, une idée de ces choses si belles, elle ne savait pas le faire. A toutes les comparaisons qu'on lui faisait pour la lumière, l'auréole, la couleur, l'étoffe des vêtements, la matière du chapelet, elle répondait toujours :

— Non, c'était plus beau, beaucoup plus beau ! Jamais elle ne s'est accoutumée à cette splendeur céleste, car à la dix-huitième contemplation, elle fut aussi puissamment, aussi délicieusement saisie que le premier jour.

La Vierge apparaissait debout, les pieds posés sur l'églantier. Elle saluait l'enfant de ses bras ouverts et de la tête, souriait, s'inclinait encore; puis, de la croix de son Rosaire, se signait avec une noblesse, une piété céleste, qui ne pouvait se rendre, entrelaçant ses doigts, elle faisait rouler lentement les grains de son Rosaire, sans remuer les lèvres.

Aux mains de Bernadette, le chapelet circulait tantôt rapidement, tantôt avec lenteur et souvent pendait arrêté. Les spectateurs avides de saisir les moindres mouvements de son visage, voyaient ses lèvres presque toujours immobiles. Les plus rapprochés d'elle entendirent parfois au fond de son gosier de petits sons argentins à peine sensibles. Plusieurs fois elle adressa la parole à la Dame, personne ne l'entendit.

Un jour, une personne l'interrogeant à ce sujet, elle lui répondit avec un profond sentiment de surprise :

— Comment, vous ne m'avez pas entendue? Je parlais si haut !

La Vierge tenait presque toujours ses yeux sur ceux de Bernadette; de temps en temps, elle les levait et promenait sur la foule des regards et des sourires heureux. La petite fille a dit qu'elle semblait prendre une grande complaisance à voir ce peuple religieux accourir au soupçon de sa présence. Toutes les puissances de Bernadette étaient absorbées par la vision; rien de ce qui se passait autour d'elle n'en pouvait détacher un instant ni son regard ni son attention. Cet état surhumain durait au moins une heure.

La foule, frappée par le spectacle dont elle ne voyait que la moitié, sentant qu'elle assistait à des communications d'un autre monde et que le ciel était près d'elle, souffrait et se faisait violence pour maintenir le respect et le silence. Mais ce n'était pas toujours possible, des murmures, des cris même se faisaient entendre par moments, et de soudains ébranlements faisaient osciller la multitude. Bernadette n'entendait rien, ne s'apercevait de rien; sa mère et ses tantes, craintives, la protégeaient de leur mieux. Quelquefois son capulet trop avancé sur le front empêchait de bien voir son visage, des femmes le reculaient pour le mettre à découvert, elle ne s'en est point aperçue.

Enfin, après cette longue extase, toute en sourires, en larmes heureuses, en colloques mystérieux échappant à toutes les oreilles, sous les regards infatigables d'une foule étonnée, frémissante, Bernadette toujours agenouillée s'inclinait plusieurs fois de l'air le plus noble et le plus aisé, saluait respectueusement, laissait voir, dans l'expression de son visage transfiguré, le regret d'une séparation, saluait encore, puis soupirait longuement... le reflet céleste s'éteignait en elle; on voyait mourir son sourire : plus de lumière dans ses yeux, une vague mélancolie, une apparence de fatigue sur sa figure, et sa merveilleuse pâleur disparaissait sous les couleurs renouvelées de son teint ordinaire.

La Dame s'était évanouie en reculant dans l'intérieur de la niche. Sa magnifique lumière resplendissait encore un instant après elle, fuyait, se fondait lentement, et quand s'éteignaient ses derniers rayons, Bernadette revoyait le rocher, sa mère, sa tante, les foules, et retombait dans la vie vulgaire.

Bernadette allait à la grotte pour garder la promesse faite à la Dame, mais les suavités de l'Apparition l'y poussaient presque autant qu'une force étrangère, intérieure, à laquelle elle ne pouvait pas résister. Pressés par la police, ses parents lui défendirent de retourner à la grotte. Une fois, le 22 février, elle voulut obéir, et ne se rendit pas le matin devant le rocher, mais elle ne put, dans l'après-midi, résister à la puissance intérieure qui l'emportait; elle alla chercher la Vision bien-aimée.

La Vierge ne vint pas. Dès lors, aux défenses les plus menaçantes, elle répondait toujours avec calme :

— Je ne peux pas vous promettre de ne point retourner à la grotte, quelque chose me dit que je dois y aller, cela me pousse très fort, il faut que je suive mon idée.

Ses parents comprenant que la résistance était inutile et deviendrait cruelle, cédaient et l'accompagnaient. Sa mère se trouva presque toujours avec elle ; deux de ses tantes, dont l'une était sa marraine, la suivaient aussi l'une ou l'autre. En chemin, elle se tenait au bras de la tante, pour moins fatiguer sa poitrine, que l'asthme tourmentait chaque matin. Elle descendait seule avec légèreté la pente jusqu'à la grotte, où la Mère de Dieu l'accoutumait à trouver les célestes joies de sa présence.

Pendant les premiers jours de la quinzaine, Bernadette ne reçut aucun ordre de la sainte Vierge, mais ensuite il n'en fut pas de même, et la Dame révéla, par le ministère de l'enfant, quels desseins miséricordieux la faisaient descendre à la grotte. Bernadette fut soumise à des devoirs assez désagréables à la nature, mais qui devaient avoir une fécondité merveilleuse en faveur des douleurs humaines. Les actes extérieurs exigés d'elle pour l'accomplissement de sa mission commencèrent vers la moitié de la quinzaine.

Depuis la quatrième apparition, Bernadette en arrivant allumait chaque matin un cierge bénit, et le tenait de la main gauche, tant que la Vierge se montrait. Ce fut d'abord une dame de la ville qui le lui prêta ; puis, ce furent ses tantes qui lui donnèrent tour à tour leur cierge de congréganiste. Un jour, vers la fin de son extase, Bernadette se leva, pâle encore et radieuse, se pencha vers sa plus jeune tante, et lui dit :

— Voulez-vous me donner votre cierge et me permettre de le laisser dans la grotte ?

Sur une réponse affirmative, l'enfant prit le cierge, et se dirigeant vers le fond de la grotte, elle enfonça dans le sable l'extrémité du cierge, en l'appuyant tout allumé contre le rocher, puis revint s'agenouiller à sa place habituelle. Après l'apparition, sa tante lui dit :

— Mais pourquoi m'as-tu priée de te donner mon cierge, et pourquoi l'as-tu porté là-bas ?

— La Vision, répondit-elle, m'a demandé si je voulais le laisser, en m'en allant, brûler à la grotte, et comme il était à vous, je ne pouvais pas le faire sans votre permission.

Déjà quelques personnes avaient déposé des cierges, et la Mère de Dieu voulait faire savoir qu'elle agréerait l'hommage de ces milliers de flambeaux, symboles de la charité comme de la foi, qui depuis, pour la glorifier, éclairent sans fin le rocher de l'Apparition.

Un jour, l'enfant contemplait la Dame glorieuse dans la fixité du ravissement. On la vit baiser la terre, puis se traîner sur les genoux, et, touchant souvent le sol de ses lèvres, monter la pente raide qui s'élevait en face d'elle vers le rosier. La Vision venait de lui dire :

— *Vous prierez Dieu pour les pécheurs..... Vous baiserez la terre pour la conversion des pécheurs.*

Puis, elle lui fit signe de s'avancer à genoux. Bernadette, relevant la tête après avoir collé sa bouche sur la terre, cherchait la Dame; elle la voyait reculer lentement et la suivait, en multipliant ses baisers humiliants de pénitence. Elle dépassa la ligne du rosier, entra sous la voûte, et se tournant vers une ouverture qui pénètre dans la niche, elle demeura quelques instants immobile. En ce moment, la petite fille voyait la Vierge de si près, qu'il lui semblait qu'en se levant et en étendant le bras, elle aurait pu toucher ses pieds.

Elle se tourna vers les spectateurs, fit avec instance un signe pour demander à la foule de s'incliner; mais ce signe ne fut pas compris, personne ne remuait; alors, un instant elle posa son doigt sur ses lèvres, puis le dirigea, raide, impérieux vers la terre avec une étonnante autorité. Le geste et le regard disaient à tous : — Vous aussi, baisez la terre ! Plusieurs personnes dominées par la surnaturelle grandeur de cette chétive enfant, imprimèrent leurs lèvres sur le sable. Les autres, ne comprenant pas, restèrent immobiles, et Bernadette en paraissait attristée.

Quand Bernadette revint, toujours à genoux et baisant la terre, devant la niche, les assistants pressentaient qu'un grand avenir se préparait à la grotte, avenir de miséricordes et de prodiges. Depuis lors, la Vierge redemanda la pénitence, pour les pécheurs, à l'enfant qui montait et descendait une seule fois la pente du talus de la grotte, pendant l'apparition, et toujours en silence. Un jour, cependant, on l'entendit, pendant sa marche, prononcer ces mots :

— Pénitence! Pénitence! Pénitence!

Ce mot : *Pénitence!* répété trois fois par les lèvres maternelles et divines de Marie, remplit l'âme de tout penseur sérieux d'une terreur vague, indéfinie, comme à la vue d'un danger grave et proche. En effet, quand on songe que pour éviter à ses enfants, non pas la mort, un malheur, un accident, mais la moindre peine, une mère ne recule souvent devant aucune fatigue, aucune souffrance, on jette un regard d'effroi sur l'horizon de la vie pour voir le caractère de l'orage dont le ciel nous menace.

C'est Marie, qui n'est devenue la Mère du Fils de Dieu que pour devenir la nôtre, Marie dont l'amour et la tendresse pour nous touchent aux dernières limites du possible, c'est elle qui nous commande la *Pénitence*, c'est-à-dire la chose la plus répulsive à la nature humaine?

Ce mot, prononcé par Marie, est plus menaçant et plus effrayant que celui prononcé par Jésus-Christ, lorsqu'il nous dit : — « Si vous ne faites pas de dignes fruits de pénitence, vous n'aurez pas la vie éternelle; » autrement dit: Pénitence ou l'enfer. Terrible dilemne, que nous trouvons répété quatorze fois dans l'Évangile.

Il faut donc que la pénitence soit bien urgente pour que Marie vienne nous la commander avec tant d'insistance d'une manière aussi solennelle. On dirait qu'elle peut ne plus apaiser la colère de Dieu contre nos apostasies, notre indépendance de tout frein, de tout devoir religieux, et qu'elle nous appelle à son aide.

Faire pénitence n'est pas nous imposer quelques prières de plus, quelques actes religieux ou quelques œuvres méritoires par elles-mêmes, mais qui ne nous gênent en rien, ne nous privent de rien, et ne nous changent en rien. Non, la pénitence est quelque chose de plus que cela, comme son nom l'indique; elle consiste dans les *moyens* que nous devons prendre, et les *efforts* que nous devons faire pour passer du mal au bien, et du bien au mieux.

Je dis les *efforts* et non pas le *succès*, car les efforts sérieux et vrais, c'est la lutte continuelle contre nos passions et celles des autres, contre notre indifférence ou nos défaillances; c'est, en un mot, la pénitence réelle et chrétienne, tandis que le succès, c'est le triomphe, c'est la couronne, et la couronne ne se porte qu'au ciel.

Nous verrons plus loin que Bernadette revint encore sur la nécessité de la pénitence. Elle fit, dans le cours d'une autre matinée, plusieurs de ces laborieuses ascensions du talus de la grotte. Son visage était dans un continuel épanouissement de bonheur; une teinte de douce tristesse le voila par instant, et même alors le sourire y restait, mélancolique, mais heureux. On se souvient encore avec étonnement de la légèreté que l'enfant déployait dans cette difficile marche à genoux.

— J'ai cru plusieurs fois, disait un témoin oculaire, que des êtres invisibles la soutenaient pour monter et descendre si rapidement.

On lui demanda le premier jour :

— Mais pourquoi as-tu marché à genoux et baisé la terre ?

— La Vision me l'a commandé; c'est en pénitence pour moi et pour les autres.

— Pourquoi nous as-tu fait signe de baiser la terre ?

— La Vision voulait dire que vous devez, vous aussi, faire pénitence pour les pécheurs.

A l'impression profonde laissée par cette parole dans une âme si jeune et si mobile, à la générosité que mettait l'enfant dans l'accomplissement de ces ordres pénibles, on sent avec quelle puissante ardeur la Vierge lui demandait la pénitence. Les pécheurs ! voilà ceux qu'elle appelle par l'humiliation et la prière, voilà ceux qu'elle cherche aussi par les miracles qui s'apprêtent à couler de la fontaine miraculeusement apparue le 25 février.

Ce jour-là, Bernadette était dans son extase, quand, tout à coup, elle se met en mouvement, et se dirige vers le Gave. La Vision venait de lui dire :

— *Allez boire à la fontaine et vous y laver ; vous mangerez de cette herbe qui est là.*

L'enfant, qui n'avait point remarqué de fontaine dans la grotte, se disposait à s'approcher du Gave. Mais la Vision lui montrait des yeux et de son bras étendu l'endroit où elle l'invitait à se rendre. La foule ouvrit un passage. Bernadette avançait lentement, tournant à moitié la tête et ramenant son regard vers la Dame. A cette époque, une masse sablonneuse embarrassée de rochers obstruait la grotte, et, s'élevant du seuil en pente raide de deux mètres environ de hauteur, atteignait la voûte actuelle. La jeune fille monta, puis, quand elle fut près du rocher, elle chercha des yeux la fontaine. Ne la trouvant pas et voulant obéir, elle dit, dans un regard, son embarras à la céleste Dame. Sur un nouveau signe, l'enfant se baissa, se mit à creuser avec sa petite main le sol humide, et sous ses doigts, le trou s'emplit d'une eau mêlée de terre.

La petite fille, après avoir interrogé de nouveau le visage de la Dame attentive à son œuvre, en recueillit ce qu'elle put retenir dans le creux de sa main recourbée, l'approcha trois fois de ses lèvres, et trois fois l'éloigna, sans avoir le courage de les y tremper; enfin, après un nouveau regard sur la niche, elle aspira le mélange bourbeux. Se baissant encore, elle remplit le creux de sa main, la passa toute ruisselante sur son visage, et se releva.

Un long murmure courut dans la foule qui ne pouvait comprendre encore la merveille qu'opérait cette humiliation.

— Oh! voyez donc, voyez, disait-on, comme elle se salit, cette pauvre enfant.

Bernadette, de ses doigts mouillés, cueillait en ce moment une sorte de cresson qui poussait dans l'humidité du fond de la grotte; elle en mangea quelques feuilles, et malgré le respect religieux dont on l'entourait, ces actes étranges décontenançaient tout le monde.

— Mais que fait-elle?... Est-elle folle? disaient des spectateurs déconcertés, comme la sagesse humaine le dit souvent en présence des œuvres divines dont elle ne comprend ni la portée ni le motif. La grandeur sublime de ces œuvres est si souvent cachée dans la bassesse de la forme, qu'elle échappe presque toujours à la courte vue des masses. Ces actes pénibles et répugnants révélaient quel pouvoir souverain exerçait la Vision sur Bernadette, et renversaient les accusations invraisemblables de supercherie, essayées contre la naïve enfant. La Dame disparut en récompensant sa petite ouvrière d'un gracieux sourire.

La Vierge veut qu'on vienne se *laver* à la source miraculeuse, et comme preuve de l'origine surnaturelle de cette source, beaucoup des malades qui s'y laveront, y trouveront la guérison de leurs infirmités. En dehors du fait matériel, on voit encore dans cet ordre de Marie un gracieux symbole de la purification des âmes pécheresses, opérée par le sacrement de pénitence, source divine des conversions miraculeuses, et par l'herbe amère de la vertu de pénitence qui nous purifie et nous vaut les miséricordes célestes. La sainte Vierge demande pour ces âmes la prière et la pénitence, auxquelles elle sait que Dieu ne résiste pas. Tendresse de Dieu, tendresse de Marie pour les pauvres pécheurs qui se perdent par leur indifférence ou leur mauvaise conduite, voilà ce qui ressort de cette parole de la Dame :

— « Allez boire à la fontaine et vous y laver ; vous mangerez de cette herbe qui est là. »

On a beaucoup discuté sur cette source, et quelques esprits forts ont même prétendu qu'elle existait cachée sous le sable. A mon avis, c'est une question oiseuse, puisque personne ne l'avait vue, que tout le monde est unanime sur ce point, et que le fait de son existence cachée, est simplement une question d'appréciation personnelle, basée sur aucune observation antérieure. Le fait indiscutable et de notoriété publique, c'est que le source n'est apparue que lorsque, par ordre de la sainte Vierge, Bernadette creusa la terre, au pied du rocher qui forme le fond de la grotte,

L'origine de cette source est donc merveilleuse. Ce qui n'est pas moins merveilleux, c'est la multitude des pèlerins qui viennent boire et se laver à cette source; c'est aussi la multitude non moins considérable de fidèles des cinq parties du monde qui demandent de cette eau, c'est enfin la multitude des miracles de l'ordre physique et de l'ordre moral qui s'opèrent par le moyen de cette eau.

Ceci m'oblige à dire un mot sur les piscines dont je parlerai plus longuement en décrivant les pèlerinages.

A Jérusalem, près de la maison de sainte Anne, mère de la sainte Vierge, et près du temple, se trouvait la *Piscine Probatique*, dont on a découvert récemment les importantes ruines. Autour de cette Piscine se réunissaient des infirmes de toutes sortes qui se plongeaient ou qu'on plongeait dans la Piscine, aussitôt qu'un ange en avait remué l'eau. Mais un seul malade était guéri; d'ailleurs l'ange ne venait pas souvent.

A Lourdes, les malades y viennent, depuis 1858, des quatre coins de l'univers, et les guérisons instantanées s'opèrent continuellement. En 1888, à l'époque du Pèlerinage national, pendant les prières de l'après-midi, cinq pèlerins malades furent guéris instantanément, l'un après l'autre, aux piscines. En outre, cette eau, transportée sur tous les points du globe, guérit également chaque année, comme à Lourdes, des multitudes de malades.

Cette eau, n'ayant que treize degrés, cinq dixièmes, est très froide; eh bien, pour tout esprit impartial, très au courant de ce qui se passe aux Piscines, l'un des plus grands miracles de la grotte, c'est qu'il n'y ait pas au moins cinq cents malades tués chaque année par cette eau glaciale. Loin d'empirer, ceux qui ne sont pas guéris, ou dont l'état ne s'est pas amélioré, plus ou moins, en sortent indemnes, lors même qu'ils y sont entrés avec une fièvre de cent vingt-cinq pulsations à la minute, sinon mourants.

Le lendemain du jour où Bernadette vit la source commencer, sous ses doigts, à sortir de terre, elle vint à la grotte, selon la promesse qu'elle avait faite à la Dame de venir, promesse qu'elle aimait tant à remplir, mais la Vision ne parut point.

La tristesse de l'enfant fut grande; elle pleura, non pas avec les larmes radieuses de l'extase, mais avec les larmes d'un profond chagrin. Elle pleura tout le long du chemin au bras de sa tante. Cette absence inexpliquée de la Vierge jusque-là si fidèle montrait bien que l'enfant n'avait pas été le jouet d'une imagination hallucinée. Pourquoi, venue avec les mêmes pensées et les mêmes espérances, son âme ayant été préparée par les mêmes prières et les désirs d'une longue attente, pourquoi n'a-t-elle rien vu, si ce n'est parce que la Dame de Massabielle était vraiment présente les matinées précédentes, et ne vint vraiment pas ce jour-là? La Vierge fit oublier le lendemain ces larmes, et l'enfant n'eut plus à pleurer son absence.

Les apparitions qui suivirent furent consacrées par la Vierge à répéter devant la foule les enseignements muets et symboliques qui venaient de se produire, et dont les Saintes Écritures nous offrent tant d'exemples. En renouvelant la pénitence pour les pécheurs, Bernadette eut à signaler davantage à l'attention publique la miraculeuse fontaine, jaillie sous sa main. Elle allait, comme le jeudi précédent, boire sur l'ordre de la Vision; chaque jour la source grandissait et coulait plus limpide et plus abondante. Chaque jour aussi se continuaient entre la Vierge et l'enfant des colloques que personne n'entendait.

On sait que Bernadette a reçu trois secrets qui la concernaient seule, avec ces mots formels de Marie :

« — Je vous défends de le dire à personne. »

En outre, avec une condescendance maternelle, elle lui fit apprendre, mot par mot, une prière que l'enfant récitait à toutes les Apparitions, prière que jamais on ne put obtenir d'elle de la faire connaître. Bernadette ne répétait que les paroles prononcées pour le public, et celles qui devaient expliquer ses actes extérieurs à la grotte.

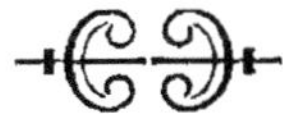

CHAPITRE V

Demande d'une Chapelle et des Processions. — La Basilique et l'église du Rosaire. — Les Processions. — Commencement des miracles. — Le nom de « la Dame » des Apparitions. — Le Naturalisme et le Surnaturel. — La Persécution. — Réouverture de la Grotte.

MAINTENANT que la grotte devenait un lieu sacré, que la prière en prenait possession, que la Dame, bientôt appelée Notre-Dame par les foules, avait préparé l'œuvre de ses miséricordieuses tendresses à l'égard des infirmités humaines, il fallait un sanctuaire pour y dispenser la pénitence, le pardon, la vie eucharistique, c'est-à-dire le salut des âmes. Un matin, Marie demanda ce sanctuaire à l'enfant, en ces termes :

— Vous irez dire aux prêtres qu'il doit se bâtir ici une chapelle, et qu'on y doit venir en procession.

Bernadette alla répéter à M. le curé de Lourdes les paroles de l'apparition. M. le curé l'interrogea sur ce qu'elle voyait, et, très frappé du récit de la petite fille, il lui dit :

— Je ne peux pas m'en rapporter à toi, tu le

comprends. Dis à cette Dame qu'il faut qu'elle se fasse connaître. Si elle est la sainte Vierge, qu'elle en donne des marques par quelque miracle. Elle apparaît, me dis-tu, sur un rosier; eh bien! demande-lui qu'elle fasse fleurir le rosier.

Bernadette porta le lendemain à la grotte le message dont elle était chargée. La Vierge sourit, renouvela la demande de la chapelle, et l'enfant docile revint, sans découragement, s'acquitter de sa mission.

Elle, petite enfant, pauvre, ignorante, timide, aller avec ses haillons demander, au nom d'une femme qui n'avait pas même dit son nom, une chapelle à construire dans ce lieu sauvage! Elle l'osa! Certes, on pouvait dire : Folie! Mais c'est avec de telles folies que la miséricordieuse sagesse divine confond habituellement la sagesse humaine!

La chapelle demandée fut bâtie.

Primitivement, Dieu ne devait avoir que le cœur de l'homme pour temple, et de ce cœur devaient s'élever sans cesse des hymnes d'amour et de reconnaissance. Mais quand le mal fut introduit dans le monde par la désobéissance d'Adam, le culte extérieur s'imposa plus complètement à l'homme, comme partie intégrante des hommages qu'il devait à son Créateur, au souverain Maître de l'univers.

Dès lors, l'homme se servit d'une ou de plusieurs pierres pour autel, et sacrifia sur cet autel rustique, — car les sacrifices publics sont vieux comme le monde, — il sacrifia, soit les prémices des troupeaux, soit les fruits de la terre. Cependant, l'histoire d'Abel et de Caïn nous démontre que le cœur de l'homme doit toujours être le premier temple de Dieu, car les sacrifices d'Abel étant offerts avec amour et piété furent agréables au Seigneur, tandis que ceux de Caïn furent rejetés, parce que son cœur en était absent.

Tous les jours nous faisons un sacrifice moral, lorsque nous sacrifions nos passions à la raison, nos défauts à la concorde, et nos satisfactions personnelles, permises ou défendues, au bien de notre âme.

Tous les jours nous faisons un sacrifice physique, lorsque nous donnons notre corps au travail, notre temps au devoir, notre bourse aux bonnes œuvres. Le sacrifice n'est pas seulement l'abandon, l'offrande de quelque chose nous appartenant, mais c'est encore un échange de ce que nous avons pour acquérir ce que nous n'avons pas. C'est pourquoi l'homme a toujours sacrifié quelque chose à Dieu pour obtenir des faveurs dont il avait besoin.

Quand l'univers entier, oubliant le vrai Dieu, sacrifiait aux idoles jusqu'à des enfants, des jeunes gens et des jeunes filles, qu'on égorgeait sur des autels ou qu'on brûlait vivants, le Seigneur donna l'ordre à Moïse de lui dresser une tente, un tabernacle, un autel avec l'or le plus pur, le bois incorruptible de Sethim, le fin lin de l'Egypte et des pierres précieuses. Telle fut en réalité la première chapelle, la première église érigée pour le vrai Dieu. Cinq siècles plus tard, Salomon enferma ce tabernacle dans un temple auquel travaillèrent 184,000 ouvriers, pour le gros œuvre seulement, et qui coûta *dix-huit milliards* environ de notre monnaie.

En présence de ces faits et de la raison pour laquelle la sainte Vierge demandait un nouveau sanctuaire, raison que nous donnerons plus tard, il n'est pas étonnant qu'elle ait demandé la construction d'une chapelle et qu'elle ait fait suivre cette demande de cet ordre : — « On y doit venir en procession. » Mais avant de parler de cet ordre, on me permettra de dire quelques mots sur cette chapelle, érigée par Pie IX en basilique.

Cette basilique est un vrai bijou d'architecture gothique ; sobre d'ornementation, élégante et sévère tout à la fois, elle surplombe d'une vingtaine de mètres le parvis de la grotte. Ses proportions sont de cinquante et un mètres sur vingt et un de largeur et dix-neuf de hauteur. Sa flèche, très élancée, rappelle ces aiguilles de granit qui s'élèvent au-dessus des plus hautes cimes des Pyrénées. Les murs sont construits avec le marbre gris-bleu de Lourdes, sur lequel, à l'intérieur, tranche la pierre blanche d'Angoulême, pour la partie décorative de l'édifice. La tonalité générale du monument

LA BASILIQUE.

s'harmonise d'une manière admirable avec le paysage imposant et gracieux qui l'encadre.

L'architecte de la Basilique, M. Hippolyte Durand, architecte de l'Etat, pour le diocèse de Tarbes, a dû vaincre bien des difficultés pour installer son petit chef-d'œuvre sur la cime escarpée de la roche de Massabielle. Une partie du sommet du rocher dut être enlevée pour asseoir la crypte, au-dessus de laquelle s'élèvent la Basilique et ses quinze chapelles, nombre des mystères du Rosaire.

En dehors des drapeaux nationaux et des quatre cents bannières de tous les pays qui décorent la basilique et garnissent les murs et les voûtes, on voit encore une multitude d'*ex-voto* qui tous ont leur histoire, gracieuse ou touchante, tels qu'épées, sabres, épaulettes, képis, croix, décorations, mitres, objets de toutes sortes plus ou moins précieux, lampes, plaques de marbre dont les inscriptions sont d'un laconisme désespérant, des cœurs en métal, etc. Il est fâcheux qu'on n'ait pas recueilli leurs histoires pour en faire un livre dont l'intérêt serait immense.

On remarque aussi des myriades de bouquets de noces et de couronnes de mariées, leur nombre est si considérable que la plupart des pèlerins trouvent qu'ils sont trop encombrants et tiennent la place d'*ex-voto* bien plus intéressants. Il est vrai que ces fleurs d'oranger en peau de chevreau, mousseline ou papier, témoignent de la reconnaissance des parties intéressées ; néanmoins, comme le mariage n'est point une chose surnaturelle et que sur toute la surface du globe le mariage est une chose même assez commune, on ferait peut-être bien de garder ces souvenirs dans sa chambre, au lieu de les étaler dans une église.

Un jour, un pèlerin me demandait pourquoi l'on ne reléguait pas toutes ces fleurs emblématiques dans les greniers de la basilique. Certainement, cela pourrait se faire, sans préjudicier le moins du monde à l'édification du public, mais quelques-unes cachent sans doute un poème quelconque, tandis que d'autres auront été mises là pour implorer les bénédictions de la sainte Vierge sur une union laborieuse, plus ou moins longtemps désirée.

Le maître-autel, en marbre de Carrare, est l'œuvre de MM. Bonnet et Bresson, l'un sculpteur et l'autre architecte, de Lyon, comme Fabish, l'auteur de la Vierge de la Grotte. Quant à la statue du maître-autel, elle est de M. Cabuchet, artiste de Paris.

Toutes les verrières admirables et monumentales du haut de la basilique représentent des scènes de l'Ancien et du Nouveau Testament, concernant l'histoire de l'Immaculée Conception ; les cinq verrières du chœur, ainsi que les cloches du beffroi, sont un cadeau du prince Gaston de Béarn. Les petits vitraux des chapelles contiennent dans des médaillons l'histoire des apparitions.

L'Eglise du Rosaire était une œuvre peut-être d'une exécution bien plus difficile encore que la basilique, car il s'agissait de faire une sorte de piédestal à la chapelle de la Sainte-Vierge, sans rien masquer de sa façade, et d'en enterrer la moitié contre le chemin des Spélugues, tandis que la partie située sur le bord du Gave devait, au contraire, avoir un aspect monumental et grandiose. En outre, cette église devait elle-même supporter des rampes ou chemins suspendus semi-circulaires, pour faciliter aux malades, ainsi qu'aux pèlerins, l'accès de la basilique.

M. Hardy, l'architecte de ce curieux monument, a su vaincre toutes les difficultés avec un talent des plus remarquables. Par la hardiesse de ses conceptions et l'originale beauté de l'ornementation, il a masqué d'une manière très ingénieuse la pesanteur naturelle de cet édifice, qui n'a pas son semblable en Europe. Il faut l'étudier attentivement, ainsi que son objet, son but et son emplacement, pour se rendre un compte exact de cette église, qui n'est pas encore achevée et qui mériterait une longue description que je ne puis faire.

Après la demande de la chapelle, la Dame des Apparitions dit : — « On doit y venir en procession. »

La base du culte de Dieu, c'est la prière et l'adoration. La prière est bonne partout, parce que l'univers entier est le temple de Dieu ; mais dans les églises et les chapelles, où réside personnellement Jésus-Hostie, la prière est spécialement écoutée, bénie, exaucée plus que partout ailleurs. C'est pour cela que le Sauveur des hommes appelle le temple de Dieu son Père, « une Maison de prière ».

Pour la chapelle demandée, Marie réclame des cœurs qui prient, des adorateurs, et dit qu'on doit y venir « en procession ». Les processions sont un symbole expressif de la grande famille chrétienne, avançant à travers les choses humaines vers l'éternité. En outre, c'est une manifestation publique de notre foi ; c'est la réponse soumise et respectueuse au commandement du Seigneur Jésus, de ne pas rougir de lui devant les hommes, si nous ne voulons pas qu'il rougisse de nous devant son Père, à l'heure du jugement.

De même qu'à la parole de Bernadette le monde entier donna son obole pour construire la « chapelle », de même il se mit en marche pour venir à la grotte, à la chapelle, non seulement par multitudes de groupes, de familles ou d'individualités, mais encore par des multitudes de processions réelles, dont quelques-unes atteignent le chiffre de *dix mille* pèlerins !

Si je dis *le monde entier*, c'est pour ne pas faire la nomenclature interminable des pèlerinages diocésains ou nationaux de l'ancien et du nouveau monde. Et parmi les individualités, les familles et les groupes venus à la grotte de Lourdes, quelle variété de personnages, depuis les souverains, ducs et princes de sang royal, étrangers et français, catholiques schismatiques et protestants, jusqu'à ces pauvres femmes venues pieds nus du fond de la Hongrie et qui mirent cinq mois pour faire ce pèlerinage !

En 1885, M. Fullerton, beau-frère de lord Granville, alors premier ministre d'Angleterre, me disait à la porte de la basilique : « Pour moi, comme pour beaucoup d'autres Anglais, le plus grand miracle de Lourdes, comme la preuve la plus irrécusable de la réalité des apparitions, c'est cette perpétuelle procession de millions d'hommes de tous les pays de l'univers et de toutes les classes de la société, qui viennent, en plein dix-neuvième siècle, voir ou prier sur cette roche bénie. »

En effet, ce phénomène dépasse toutes les conceptions de l'intelligence, toutes les subtilités du raisonnement, et nous force à dire : c'est trop merveilleux pour ne pas être surnaturel. D'ailleurs, Dieu vint bientôt, avec sa toute-puissance, confirmer par une explosion de miracles la réalité des apparitions, les paroles et le témoignage de la petite fille.

L'eau dont avait bu Bernadette occupait plus que tout le reste la pensée publique. Il était avéré que personne, avant que la main de Bernadette en eût creusé le sol, n'avait vu ni soupçonné l'existence d'une source dans cette grotte. Cette eau, soudainement apparue, croissait toujours, la bêche d'un ouvrier avait fait un petit bassin dans le sable; un filet assez grand s'en écoulait, et chaque matin il grossissait. On se disait vaguement, cette eau doit posséder quelque vertu surnaturelle, et des espérances de miracles circulaient un peu partout.

Ces espérances se réalisèrent bientôt. Louis Bourriette, ouvrier carrier de Lourdes, avait presque entièrement perdu, par un éclat de mine, un œil, et se disait un jour : — Si c'est la sainte Vierge qui vient dans la grotte, elle me guérira par l'eau qu'a trouvée Bernadette. Il envoya sa fille chercher de la nouvelle eau, boueuse encore, s'en lava l'œil et recouvra la plénitude de la vue. Blaisette Soupenne, presque aveugle et les yeux hideusement altérés, fut également guérie par cette eau miraculeuse, à la seconde lotion.

Le 28 février, Croizine Duconte voyant son jeune enfant sur le point de mourir, le porte à Massabielle vers cinq heures du soir, le plonge un quart d'heure dans le petit bassin plein d'eau froide, et va le remettre au berceau. Le lendemain l'enfant demande le sein de sa mère et fait effort pour se lever. Le surlendemain il quitte tout seul son berceau pendant l'absence de ses parents, qui le retrouvent frais et fort marchant pour la première fois.

D'autres guérisons plus ou moins éclatantes et

soudaines firent multiplier les foules à mesure qu'on approchait du terme de la quinzaine. A Massabielle, elles trouvaient toujours le même prodige, toujours aussi merveilleux, la transfiguration de Bernadette et le saisissement d'un peuple immense devant cette pauvre petite fille glorifiée.

Dans une de ces ondulations qu'imprimaient à la foule les efforts de ceux qui cherchaient à mieux voir, l'églantier fut un instant ébranlé. Bernadette, alarmée par ce mouvement, étendit la main et se dirigea vivement de ce côté, les yeux baignés de larmes.

— Qui a remué le rosier? s'écria-t-elle, oh! n'y touchez pas! Puis elle regarda la niche avec inquiétude. L'arbuste redevint immobile. Son visage se rasséréna, le bonheur y reparut avec le sourire, et dans la journée, quand la coupable involontaire vint lui faire des excuses pour le chagrin dont elle avait été la cause, Bernadette lui dit :

— Oh! vous m'avez bien fait de la peine. Quand j'ai vu la *ronce* agitée, j'ai eu peur que la Dame tombât; elle était dessus, et elle me faisait signe de la main qu'on devait laisser le rosier.

Le 4 mars, dernier des quinze jours pendant lesquels Bernadette *faisait* à la Reine du ciel *la grâce* de venir à la grotte, était connu d'avance. C'était à Lourdes le jour du marché. Longtemps avant l'aube, les deux rives du Gave furent envahies par une foule immense de curieux. Jamais les roches de Massabielle n'avaient vu pareilles multitudes. Sergents de ville, gendarmes, soldats de la garnison, tout était là pour prévenir le désordre. Il semblait à tous que la quinzaine des Apparitions ne pouvait se terminer que par un événement éclatant, et tous s'attendaient à quelque grand spectacle. Il n'en fut rien; les voies de Dieu ne sont pas celles des hommes.

Bernadette, selon sa coutume, entendit la sainte messe avant de partir. Au sommet du rocher, un gendarme l'attendait, sabre au clair, et marchait devant elle pour ouvrir la foule. Des planches avaient été disposées près de la grotte pour lui faciliter le passage. Sans ces précautions, il paraissait impossible qu'elle put traverser les masses compactes des spectateurs. L'extase eut lieu, tranquille et radieuse comme chaque jour. L'enfant alla boire à la fontaine, accomplit en effleurant la terre de ses genoux et de ses lèvres, la pénitence accoutumée pour les pécheurs. Bernadette annonça, par ses saluts à la vision, que la Vierge allait disparaître, elle reçut son dernier adieu, son dernier sourire, et vit l'éclat de son auréole pâlir et se perdre.

L'enfant reprit le bras de sa tante et se retira, mais plongée cette fois dans une profonde tristesse. La multitude fut lente à se disperser; durant toute la journée, l'on se disputa la place devant le rocher à jamais célèbre de Massabielle. Le pèlerinage à la grotte était désormais créé. Le peuple espérait toujours revoir la merveilleuse extase, et comme Bernadette revenait tous les jours prier à la grotte, chaque fois qu'elle se dirigeait vers Massabielle, on se précipitait sur ses pas. Avec elle on croyait aller à la rencontre de la Vierge, mais l'enfant ne s'attendait pas à la revoir, car la voix intérieure qui l'avertissait quand Marie devait venir, pendant la quinzaine, se taisait depuis lors.

Le 25 mars, fête de l'Annonciation, Bernadette se sentit *poussée* puissamment vers la grotte par un attrait bien connu d'elle. Heureuse, elle obéit promptement à cet appel intérieur, et se rendit à Massabielle. La solennité du jour, l'espérance hasardée, mais générale que la Vision reviendrait, avaient attiré de toutes parts une foule considérable. Bernadette fut surprise de la trouver. Elle se mit en prière le chapelet à la main; bientôt un tressaillement soudain et la transfiguration de son visage annoncèrent que la Vierge apparaissait.

Bernadette avait déjà prié plusieurs fois la Dame mystérieuse de lui dire son nom. En réponse, elle n'avait obtenu que des sourires. Dans cette nouvelle extase, se souvenant de la recommandation faite par M. le Curé de lui livrer son nom, elle dit :

— Madame, voulez-vous avoir la bonté de me dire qui vous êtes ?

La Vision, toujours souriante, sourit avec plus de dignité; ce fut sa réponse.

— Madame, reprit l'enfant, voulez-vous me dire qui vous êtes ?

Encore un sourire plus long et plus divin sur les lèvres muettes de l'Apparition.

— Madame, dit encore Bernadette pour la troisième fois, vous devez me dire qui vous êtes.

Du sein de l'auréole éclatante de lumière, le visage virginal de la Dame envoie de nouveau son sourire le plus ravissant ; puis détache son regard de l'enfant, sépare ses mains, fait glisser sur son bras le chapelet que tenaient ses doigts unis à la hauteur de la ceinture, élève ensemble ses mains et sa tête radieuse, joint ensuite ses mains allongées devant sa poitrine, sa tête se fixe, et, plus rayonnante que jamais, l'œil plongé dans la gloire du ciel, elle dit :

« JE SUIS L'IMMACULÉE CONCEPTION »

Sans autre regard sur l'enfant, sans autre sourire et sans autre adieu, la Vision disparut dans la même attitude, laissant à l'âme de Bernadette cette image et ce nom.

Bernadette était heureuse d'aller dire à M. le Curé le nom enfin connu de la Dame. Mais elle ne comprenait pas du tout ce mot : Immaculée Conception. C'était tout à l'heure, dans la splendeur de l'Apparition, qu'elle l'avait entendu pour la première fois de sa vie, et de crainte de l'oublier, elle répéta tout le long du chemin : Je suis l'Immaculée

Conception... Ce nom ne lui découvrait pas quelle était cette Dame; M. le Curé comprit, le peuple chrétien comprit; on ne s'était pas trompé. C'était Elle, la Vierge Mère de Dieu. Mais on n'attendait pas ce nom de sa bouche, on ne pouvait prévoir qu'elle donnerait dans la grotte, à la ville de Lourdes, aux Pyrénées, à Pie IX, au monde, la joie de se faire un nom avec le glorieux privilège que, depuis quatre ans, la terre catholique, après son Père et son Pontife, célébrait dans un infatigable élan d'amour et d'admiration.

Cette apparition, éclatant avec une magnificence, une douceur nouvelles, quand rien ne la faisait espérer et que les communications célestes semblaient finies, paraît être le cœur de l'œuvre de la Grotte. Elle éclaire le mystère, si longtemps fermé, de ses quinze premières visites.

La Dame avait fait pressentir son nom, et le peuple, au récit de l'enfant charmée, disait : Marie! Mais on voulait l'entendre de ses lèvres, et lorsque la fin des visites annoncées livre les fidèles incertains au travail de leur propre pensée, Marie descend encore et vient dire : *Je suis l'Immaculée Conception.* Nulle part au monde et dans aucune de ses innombrables apparitions, Elle ne s'était appelée de ce nom.

Pie IX avait proclamé le dogme de l'Immaculée Conception quatre ans auparavant; Dieu voulut lui préparer une glorification nouvelle. C'est pour l'Immaculée Conception et par elle que les guérisons jailliront de la fontaine, et en elle aussi que les pécheurs puiseront les joies de la miséricorde. Les cierges allumés sous le rocher honoreront de leurs feux la pureté sans tache de Marie. C'est l'Immaculée Conception que les peuples viendront célébrer dans leurs processions innombrables et magnifiques, et les pierres de la chapelle demandée loueront elles-mêmes l'Immaculée Conception. Pie IX sur la chaire de saint Pierre, et la Vierge Marie du rocher de Lourdes, se répondant l'un à l'autre, proclament l'Immaculée Conception comme la gloire nouvelle de Dieu, comme l'espérance particulière des hommes dans ces tristes temps modernes.

Douze jours après, le 7 avril, lendemain de Pâques, Bernadette, entourée d'une multitude de personnes qui priaient, fut encore favorisée d'une apparition qui démontra de nouveau le caractère divin des spectacles de la grotte.

L'enfant, à genoux, tenait d'une main un cierge allumé qui s'appuyait à terre. Pendant l'extase, absorbée par sa contemplation, Bernadette rapprocha ses mains, en retenant toujours le flambeau, sans prendre garde à ce qu'elle faisait, ses doigts se croisèrent faiblement au-dessus du cierge, enveloppant la flamme dans l'espèce de voûte qu'ils formaient. La flamme montra sa pointe entre les doigts.

— Mais elle se brûle, elle se brûle, s'écria-t-on autour d'elle.

L'enfant souriait, toujours immobile et sereine.

— Laissons faire, dit-on à des personnes qui voulaient prendre le cierge ; évidemment, elle ne sent pas le feu.

Un médecin, le docteur Dozous, observait le fait. Stupéfait, il tira sa montre. La flamme continua de brûler ; les mains, ainsi léchées par le feu, restèrent sans le moindre frémissement plus d'un quart d'heure. Tous les regards qui pouvaient atteindre Bernadette virent la flamme monter par-dessus les doigts entrelacés. On disait doucement : Miracle ! Miracle ! Jamais on n'avait encore manifesté pareil étonnement à la grotte. Enfin, ses mains se séparèrent ; le docteur les prit et les examina minutieusement ; elles étaient intactes et blanches. Après l'extase, quand Bernadette fut revenue à la vie ordinaire, il lui fit toucher à la main, comme par mégarde, la flamme d'un cierge :

« — Oh ! vous me brûlez, » cria-t-elle en se retournant vivement.

Un prodige aussi manifeste impressionna profondément la foule. C'était la dix-septième apparition, et la quinzième de celles où la Vierge appela les multitudes comme témoins de ce tête-à-tête dont le mystère était à la fois aussi profondément secret qu'admirablement découvert. Ce fut la dernière pour les foules.

Après avoir fait sourdre une fontaine inconnue, imposé la prière et la pénitence pour les pécheurs, demandé dans cette solitude un sanctuaire et des processions, la Dame mystérieuse découvre ce qu'elle est par ces mots inattendus : *Je suis l'Immaculée Conception ;* puis elle revient apposer sur son œuvre le sceau divin, c'est-à-dire affirmer la gloire de son nom par la signature inimitable du miracle.

Bernadette devait la revoir encore le 16 juillet, mais presque seule, pour être consolée des épreuves qu'elle avait subies et fortifiée pour celles qui l'attendaient.

Les apparitions acceptées comme un fait divin devaient changer la grotte en sanctuaire et produire un immense mouvement religieux. Le Sauveur et sa Mère allaient trouver là trop de gloire, et trop de bien pour le salut des âmes devait s'y produire pour que l'œuvre de la grotte ne fût pas à son début sujette aux contradictions que rencontrent habituellement toutes les œuvres divines ainsi qu'aux résistances aveugles de quelques esprits passionnés ou dévoyés.

Mais avant de terminer ce chapitre par quelques mots sur ces contradictions et sur la fin du récit des apparitions, il est utile d'en faire ressortir la cause et le but.

Pour bien des raisons, l'Eglise appelle Marie : *Porte du Ciel.* Partout, en effet, elle a prodigué les preuves de son amour maternel pour les hommes ; partout elle a fait multiplier ses sanctuaires pour servir, en quelque sorte, de *dispensaires*, afin d'y soulager ou guérir plus spécialement les maladies de l'âme et celles du corps. Dans les villes et les campagnes, les forêts et les solitudes les plus reculées, sur les cimes des Pyrénées et des Alpes, dans les gorges du Tyrol et des Apenins, partout, en un mot, on voit des églises et des chapelles érigées en l'honneur de Marie.

Mais, aux roches de Massabielle, elle vient elle-même demander un sanctuaire. Elle y vient d'une manière exceptionnelle ; non pas une fois, mais *dix-huit fois ;* non pas en secret, mais en annonçant d'avance ses futures visites, afin que des milliers de témoins pussent voir le reflet de sa présence sur le visage transfiguré de Bernadette. Elle se montre comme elle ne s'est montrée nulle part, et parle comme elle n'a parlé nulle part !

Pourquoi ?

C'est qu'elle ne vient pas à Lourdes pour établir une dévotion locale, mais universelle; elle ne vient pas pour conférer des bienfaits personnels à quelques pèlerins, mais au monde entier; elle vient faire un suprême effort pour arrêter l'abaissement de l'homme, qui devient une bête de somme, mangeant, buvant, dormant, travaillant ou s'amusant, n'ayant plus de virilité, d'énergie et de volonté que pour se laisser river plus étroitement les chaînes infernales qui le meurtrissent. Elle vient, sinon détruire, au moins paralyser la puissance et l'œuvre de Satan, acceptées ou subies de nos jours d'une manière aussi honteuse que coupable, même par ceux qu'on appelle des « *gens honnêtes.* »

C'est pour cela qu'à Lourdes, Marie ne s'est pas révélée sous le titre de *Consolatrice des affligés*, *Refuge des pécheurs*, *Secours des chrétiens*, ou tout autre de ce genre, mais sous celui d'*Immaculée Conception*, dont la grandeur, l'importance et la beauté ne sont surpassées que par le titre de Mère de Dieu.

La proclamation qu'elle fait elle-même de ce titre, que l'Eglise, quatre ans auparavant, venait d'ériger en dogme, rappelle la scène du Paradis terrestre, quand Dieu dit au serpent qu'une femme lui écraserait la tête. En réalité, cette déclaration de Marie n'est autre chose qu'une publique et solennelle déclaration de guerre qu'elle fait au serpent infernal, à Satan, que Jésus-Christ appelle « le Prince du monde », et qui reprend possession du monde par le naturalisme.

Pour mieux saisir ce fait, il faut se rappeler que la société moderne se sépare plus que jamais de Dieu par le naturalisme, et que Marie veut la rattacher à Dieu par l'affirmation du surnaturel.

Le naturalisme, c'est la vie sans Dieu, sans religion, sans la croyance à l'immortalité de l'âme, sans espérance dans une justice finale, réparatrice, et sans bonheur ou châtiment au delà de la tombe. C'est donc une vie purement animale; c'est un mensonge impie, comme un blasphème contre la Vérité suprême; c'est un outrage fait au Créateur, comme à la raison humaine; c'est enfin l'esclavage de tous en tout, et le règne universel des *menottes* dans l'ordre moral et physique, social et privé.

En effet, le naturalisme nous rend les plats valets de nos passions et de celles des autres, c'est-à-dire de tous ces tyranneaux et saltimbanques qui se disputent notre intelligence pour l'étouffer, notre liberté pour l'enchaîner, notre force pour la détruire, notre bourse pour l'empocher, et notre âme pour la damner; en un mot, tout ce que nous sommes et tout ce que nous avons pour s'en servir, l'exploiter et jouir à nos dépens.

Le naturalisme produit le mépris de l'exploiteur pour l'exploité, la haine de l'exploité contre l'exploiteur, la misère, la honte, le chaos et le mal partout. Avec lui, plus de conscience, plus d'autorité, plus de sécurité, plus de dignité dans les caractères, plus rien de grand, de noble, de beau.

Si ce mal effroyable nous effraie si peu, c'est parce qu'il nous pénètre insensiblement, agréablement même, soit par l'amour égoïste de nous-mêmes, de nos aises, des plaisirs et de tout ce qui flatte nos sens ou notre vanité, soit par nos répugnances pour toute contrainte et toute humiliation, tout joug et toute mortification. N'est-ce pas dire que de nos jours ce mal est à peu près universel, et que tout le monde en est plus ou moins gravement atteint?

La vie surnaturelle est l'antipode du naturalisme, en ce sens qu'elle est l'affirmation de Dieu créateur et rédempteur, de sa providence dans le gouvernement des mondes, de son culte, de ses droits, de son amour pour nous. C'est une affirmation de la grandeur de notre origine et de la splendeur de nos destinées comme enfants de Dieu.

C'est encore la communion d'esprit, de sentiments et de puissance entre tous les membres de la grande famille chrétienne qui lutte sur la terre, se purifie dans le purgatoire, et prie avec amour pour nous dans le ciel.

L'indépendance et la liberté ne se trouvent, en réalité, que dans la vie surnaturelle. En effet, par cette vie, nous mettons chacun et chaque chose à sa place, et nous les estimons selon leur valeur propre ou relative aux intérêts de notre destinée, c'est-à-dire que nous établissons l'ordre dans la hiérarchie de nos affections, de nos sentiments et de nos devoirs.

Dieu, naturellement, occupe la place qu'il doit avoir, la première dans les motifs qui nous font agir, la première dans notre vie intime et privée. Nous savons que c'est un Père qui nous aime tendrement, que sa providence veille toujours sur nous, qu'étant tout-puissant, il ne nous arrive rien sans sa permission, et que cette permission n'est donnée que lorsque son amour paternel le juge utile pour notre bien final. Nous le remercions dans les joies qui nous viennent, et nous ne nous révoltons pas contre les épreuves qui nous frappent, sachant que ce sont des bienfaits déguisés, de même qu'on ne se révolte pas contre un médecin, lorsqu'il nous donne des remèdes amers ou violents, sachant qu'ils ont pour but la guérison et la santé.

La santé, comme la maladie; la richesse, comme la pauvreté; les honneurs, comme les humiliations; les joies, comme les tristesses, sont des choses indifférentes en elles-mêmes pour notre destinée suprême, et qui ne deviennent bonnes ou mauvaises que selon l'usage que nous en faisons. Quand, par les sentiments ou la volonté, nous mettons Dieu dans notre vie intime, il nous donne l'intelligence et les lumières nécessaires pour ne pas nous attacher aux jouissances si courtes de ce monde, et ne pas nous désoler des misères qui sont notre partage.

Nous devenons indépendants de ces jouissances et de ces misères, en nous mettant au-dessus d'elles; en n'estimant pas plus les unes, qu'en redoutant les autres; en nous rappelant que les unes et les autres sont vite passées, tandis que les récompenses ou les châtiments qui doivent suivre le jugement de nos faits et gestes sont éternels.

Nous devenons donc indépendants des hommes et des choses qui, d'ailleurs, ne peuvent rien sur nous et contre nous ici-bas, sans la permission de Dieu. Nous ne craignons rien ; on peut même dire que nous ne craignons pas Dieu, puisque nous l'aimons comme un adorable Père, et que nous n'avons d'autre crainte que celle de lui déplaire ou de ne pas l'aimer assez, autrement dit, de blesser son autorité divine et paternelle, comme son amour pour nous. Jamais les libres penseurs, les indifférents et les jouisseurs ne connaîtront pareille indépendance et pareille liberté d'esprit et de cœur. Nous seuls, nous ne courbons le front que devant Dieu.

Mais je n'en finirais pas, si je voulais énumérer les merveilleux privilèges et les admirables beautés du monde surnaturel, dans lequel nous vivons comme le poisson vit dans l'eau, comme l'oiseau vit dans l'air, et sans lequel le monde naturel n'existerait pas.

Quand Marie est venue demander une chapelle sur les roches de Massabielle, c'est qu'elle voulait affirmer le surnaturel de la manière la plus évidente et la plus remarquable possible, tout en laissant à chacun le mérite de la soumission et de la foi. Cette chapelle est sa tente, son camp et son arsenal, où le surnaturel est en permanence, ostensible à tous, accessible à tous pour revenir à Dieu, le glorifier, et ramener les âmes à la délivrance, au devoir, au salut par la vie franchement chrétienne.

De ce camp, elle répand autour d'elle, comme au loin, ses sourires, ses bienfaits, ses bénédictions, et convie tout cœur honnête et loyal à se munir d'armes spirituelles pour conquérir les vertus qui leur manquent et combattre en nous, comme autour de nous, l'impiété, l'indifférence religieuse, la tiédeur et tous les autres fléaux du naturalisme.

C'est pour cela qu'elle nous dit de venir « en procession », c'est-à-dire en foule, pour généraliser son action et la nôtre, de purifier nos intentions, tout en nous purifiant nous-mêmes au tribunal de la miséricorde divine, et de manger l'herbe amère de la pénitence. Alors, nous ne déserterons plus le camp de Dieu par sensualité, mondanité, faiblesse ou respect humain; alors, changés en hommes nouveaux, Marie pourra compter sur nous, sur nos bonnes paroles, nos bons exemples et nos bonnes œuvres pour enrayer le mal, auquel, par lâcheté, nous laissons faire tant de ravages en nous, autour de nous et partout ; alors enfin, après nous être vaincus nous-mêmes, nous pourrons, avec Jésus-Christ, vaincre le monde.

Le naturalisme prétend que la science et le progrès ne veulent pas du surnaturel, et, par une charmante ironie, la Vierge immaculée fait servir la science et le progrès à faciliter le voyage des pèlerins à la grotte, à multiplier leurs foules, à constater publiquement les guérisons miraculeuses, en un mot, à rendre le surnaturel plus répandu, plus palpable et plus populaire.

En effet, après les hésitations que commandait la prudence, le peuple simple et droit, ainsi que les intelligences cultivées, n'avaient pu, devant les manifestations éclatantes du surnaturel, s'empêcher de croire à la réalité divine des apparitions.

Un grand nombre flottaient encore, inclinant à croire, mais se réservant d'étudier la suite des événements. D'autres, dès les premiers jours, sans examen et de parti pris, ne voulurent rien croire, ou tout expliquer naturellement. D'abord, ils nièrent les faits ; puis ils accusèrent la petite fille de jouer la comédie, ses parents de spéculer sur la crédulité du peuple, et le clergé d'inspirer et de diriger un charlatanisme sacrilège. Il faut cependant avouer que ces esprits forts ne se composaient que de quelques unités bruyantes et en « *quantité* des plus *négligeables* ».

Forcés ensuite d'admettre des faits opiniâtres, et par conséquent de dégager Bernadette, sa famille et le clergé de calomnies manifestes et révoltantes, ils attaquèrent le surnaturel au nom de la science. D'hypocrite habile, ils firent de l'enfant une malade hallucinée, cataleptique, et des croyants, des victimes d'une ignorance et d'une crédulité grossières. Des médecins et tous les observateurs désintéressés attestèrent que Bernadette n'avait aucune disposition à la catalepsie et qu'elle était parfaitement saine d'esprit.

Cette hostilité des *esprits forts* du pays ou de passage fut partagée par la police désœuvrée, qui, pour s'occuper et faire du zèle, crut devoir employer son action dans les manifestations de la grotte, pour essayer de les empêcher. La police ne put que manifester son impuissance. Elle suspecta Bernadette de supercherie, tenta de la détourner, par la menace, de revenir au lieu des apparitions, mais elle n'aboutit à rien.

On essaya pareillement d'intimider son père, et le mot de prison fut souvent lancé contre eux comme un épouvantail. Les sergents de ville allaient fréquemment dans la maison de Bernadette, surveillaient les personnes qui la venaient voir et tâchaient de découvrir si la famille recevait de l'argent.

L'administration départementale fut également engagée dans cette voie d'opposition. Elle partit de cette conviction que les spectacles de la grotte étaient une duperie, de laquelle, en se prolongeant, naîtrait une superstition déshonorante pour la contrée, funeste à la religion elle-même et que le peuple pyrénéen, attaché si fortement à ses croyances religieuses, ne la laisserait pas facilement déraciner dans la suite.

Empêcher cette erreur populaire d'éclore lui parut un grand devoir. Les rassemblements journaliers à la grotte, malgré leur caractère inoffensif, semblaient d'ailleurs l'inquiéter pour l'ordre public. M. Massy, préfet des Hautes-Pyrénées à cette époque, était un chrétien sincère, aux profondes convictions religieuses et pratiquant ses devoirs avec une édifiante régularité. Son erreur sur les faits de Lourdes lui fit combattre loyalement ce qu'il croyait être un mensonge, et les efforts de son opposition devaient servir la vérité.

Dieu, dirait-on, ne peut porter sur notre terre une bonté nouvelle, qu'il ne trouve aussitôt la sagesse et la force humaines debout pour le combattre, souvent sans le connaître, et croyant même, comme le dit le divin Maître, accomplir un devoir de conscience. Mais ces aberrations inévitables, comme les scandales sincères ou pharisaïques, sont nécessaires pour contrôler les œuvres surnaturelles et faire triompher la vérité.

La police, encouragée par l'appui de la préfecture, devint plus pressante et plus menaçante vis-à-vis de Bernadette et de ses parents, mais rien ne put faire fléchir sa fermeté. C'était elle qui rassurait les siens, effrayés, en leur disant :

— Ils ne feront pas tout ce qu'ils disent, et Dieu est plus fort qu'eux. Ne craignez pas ; faites comme moi, je n'ai pas peur. S'ils me mettent en prison, ils auront la peine de m'en tirer.

Il ne fut pas longtemps possible de maintenir l'accusation de stratagèmes coupables ; la petite fille était trop ingénue. Le désintéressement de sa famille, qui refusait avec une délicatesse invincible toutes les offres par lesquelles on tentait sa pauvreté, fit tomber les soupçons méchamment entretenus de spéculation. Le délit de fraude et d'escroquerie n'existant pas était insaisissable.

L'hallucination revint alors sur l'eau. Des médecins furent nommés pour examiner l'état mental de Bernadette, et l'on espérait la voir bientôt enfermée dans une maison de santé. Mais M. le curé la prit sous sa protection et protesta qu'il défendrait cette enfant innocente et faible, dont il savait que l'intelligence était parfaitement sereine. D'ailleurs les médecins ne purent affirmer l'existence d'aucun désordre intellectuel, et la tentative de séquestration avorta.

Les moyens de poursuivre légalement Bernadette échappant tous, l'autorité tenta d'arrêter l'affluence du peuple toujours nombreuse à la grotte. Le 4 mai, le préfet, dans une réunion des maires du pays, s'efforça de leur persuader que, pour le bien de la religion et par respect pour la loi, l'on devait mettre un terme au concours de Massabielle. Puis il fit enlever les objets pieux déposés à la grotte, ordonna d'arrêter et de conduire à l'hospice de Tarbes, pour être traitées comme malades, les personnes qui diraient avoir des visions, et de poursuivre comme propagateurs de fausses nouvelles, ceux qui répandraient des bruits relatifs à l'apparition.

Mais les foules continuaient d'accourir vers ce lieu désormais célèbre. Des groupes d'ouvriers s'y rendaient en récitant tout haut leur chapelet, le courant des pèlerins étrangers ne discontinuait pas, et, surtout les jours de marché, les visiteurs étaient innombrables. Beaucoup de personnes de Lourdes s'y rendaient tous les jours de mai pour célébrer le mois de Marie, et le creux de la roche se remplit de nouveau de statuettes, de bouquets de fleurs et de cierges qui brûlaient continuellement. On jeta même dans la grotte de l'argent pour la chapelle future sans savoir qui le garderait.

L'administration n'ayant rien obtenu par ses premières mesures, fit fermer la grotte avec des planches, le 8 juin, et enlever tous les objets déposés à l'intérieur par la piété des fidèles; l'approche même en fut interdite. Malgré les sergents de ville, les gendarmes préposés à sa garde, et les procès-verbaux, on bravait la défense et l'on descendait furtivement au risque d'être surpris. Ces manœuvres vexatoires allumèrent dans le peuple une violente irritation qui se traduisit par des murmures menaçants; néanmoins, les plus exaspérés surent se contenir et n'essayèrent aucune violence.

Le calme dans lequel la population ouvrière de Lourdes traversa cette phase de persécution, peut compter parmi les choses étonnantes de ce temps. On le dut, après la sainte Vierge, à quelques hommes influents sur les ouvriers, qui surent les maintenir dans la patience et la légalité, mais surtout à M. Peyramale, curé de la ville, dont la parole énergique exerça sur ses paroissiens le plus salutaire empire.

En réalité, la cause des apparitions ne fut défendue contre tous ses ennemis que par elle-même et par la croyance pacifique du peuple. Le clergé ne fit rien contre elle, mais ne la soutint pas, et fut d'abord incrédule. Les prêtres qui purent être bien renseignés, voyant le caractère de sainteté que présentaient les visions, passèrent au doute respectueux; plus tard, ils ne purent s'empêcher de croire et donnèrent avec bonheur l'adhésion de leur âme. Un grand nombre continuèrent d'hésiter très longtemps encore.

Par une prudence inexplicable aujourd'hui, pas un prêtre ne s'est vu, pendant les Apparitions, parmi les foules. De son côté, l'autorité religieuse du diocèse de Tarbes adoptait pour principe de conduite l'abstention, la réserve et le silence.

Le soir du 16 juillet, fête de Notre-Dame du Carmel, Bernadette sentit le mystérieux attrait qui l'appelait autrefois au céleste rendez-vous de la grotte. Elle en parla dans sa famille, et sa jeune tante s'offrit à l'accompagner. Deux jeunes personnes de Lourdes qui n'avaient pas vu Bernadette dans son extase et désiraient vivement la voir, furent averties, et toutes quatre partirent ensemble.

Bernadette, moins que personne, ne pouvait alors aller à la grotte interdite et fermée, de sorte que ce petit groupe dut se contenter d'aller en face, de l'autre côté du Gave, et de s'agenouiller à côté d'un autre groupe de personnes qui priaient sans prendre garde aux nouvelles venues. C'était au crépuscule. Les mains jointes de Bernadette se séparent et descendent tout à coup, comme par un mouvement de surprise. Son visage reprit la pâleur radieuse et la béatitude du regard qu'elle avait dans ses extases. Ses compagnes ravies regardaient en silence, et l'heureuse enfant, oubliant la terre, s'enivrait des délices que Marie lui portait du Paradis pour la dix-huitième fois.

Après un quart d'heure environ, l'extase cessa, Bernadette avait reçu le dernier adieu de l'*Immaculée Conception*. Aux premiers rayons qui l'annoncèrent, elle n'avait plus rien vu, ni Gave, ni barrière, ni distance, c'était comme à la grotte... La *Dame*, rien que la *Dame*, avec sa robe blanche, son voile, sa ceinture bleue, son auréole et ses doux sourires. Seulement la Vierge n'avait jamais apparu si glorieuse. Son visage semblait plus beau, plus rayonnant, disait l'enfant, et la lumière plus magnifique ; aussi, parlait-elle de cette apparition avec une impression particulière de bonheur.

Mgr Laurence, évêque de Tarbes, d'abord incrédule, mais attentif, suivait avec calme le développement rapide, immense de l'événement de la grotte. Quand il le vit prendre une consistance inattendue et grandir, il multiplia ses informations, étudia silencieusement le fait, écouta la querelle des opinions, regarda, sans s'y laisser mêler, la lutte de la puissance humaine contre la force insaisissable qui triomphait par l'effort même de ses ennemis. Il s'affranchit de toute pression d'hommes à convictions ardentes, qui se croyaient sages et n'étaient qu'empressés, et résistait aux murmures de tous. Pendant ces temporisations, l'opinion publique s'éclairait de plus en plus, la foi s'élargissait et devenait plus sûre d'elle-même, tandis que des faits extraordinaires venaient accroître les témoignages et le nombre des croyants. L'épreuve du temps était nécessaire pour asseoir la vérité.

Enfin, le 28 juillet 1858, Mgr Laurence annonça dans un mandement que l'administration ecclésiastique allait s'occuper de la grotte de Lourdes, et qu'une commission était chargée de faire une enquête officielle sur les Apparitions. L'évêque posait nettement le triple objet de l'enquête :

1° Les guérisons par l'eau de Lourdes sont-elles naturelles ou surnaturelles ?

2° Les visions de Bernadette sont-elles vraies, sont-elles naturelles ou surnaturelles ?

3° La fontaine existait-elle avant les visions ?

Au commencement d'octobre de cette même année, l'empereur, informé des événements tels qu'ils étaient, et non tels qu'on les lui avait représentés, donna l'ordre au préfet de cesser toute opposition, et de laisser la grotte libre à tout le monde. Les habitants de Lourdes revinrent triomphants à la grotte si chère à leur foi, les populations voisines et les pèlerins étrangers affluèrent de plus en plus pour y porter leurs espérances, honorer la sainte Vierge et lui demander ses secours. On priait sous la roche avec une ferveur renouvelée; les groupes s'attardaient devant la niche vénérée pour se réjouir ensemble d'avoir recouvré ce sanctuaire de si doux souvenir, des cantiques se faisaient entendre, les statuettes enlevées furent remplacées, les fleurs revinrent, et les cierges allumés brûlèrent jour et nuit.

Après trois ans et demi de travaux de toutes sortes, l'enquête des théologiens, des hommes de science et des médecins, organisée par l'évêque, étant terminée, le 18 janvier 1862, parut le Mandement de Mgr Laurence, portant jugement sur l'Apparition de la grotte de Lourdes, la déclarant fondée, permettant le culte de Notre-Dame de Lourdes, et annonçant la prochaine érection de la chapelle demandée par la Vierge immaculée.

Ce jugement si lentement mûri, rendu plus fort par ces sages lenteurs, où la force des raisonnements soumettait l'esprit autant que l'autorité doctrinale de l'évêque, satisfit les intelligences et mit en sûreté la conscience publique. L'applaudissement universel des fidèles lui répondit dans toute la France.

MAISON OU EST NÉE BERNADETTE.

CHAPITRE VI

Le *Terrain de la Grotte.* — Phénomène religieux. — Physionomie des foules. — Le côté mondain à la grotte. — Fragments de conversations diverses. — Le *Bureau des constatations.* — Les guérisons et les médecins.

Après ces longs extraits analytiques et les commentaires que nous avons tirés de la *Petite Histoire des Apparitions*, nous ne parlerons plus de Bernadette, dont l'œuvre était terminée. La messagère humble et soumise de Marie n'avait plus de rôle à jouer dans les merveilleux épisodes qui devaient désormais accompagner et suivre la fondation et le développement du nouveau sanctuaire ; aussi, peu d'années après les événements que nous venons de raconter, elle entra dans la communauté des religieuses de Nevers et mourut, après de longues souffrances, le 16 avril 1879.

Actuellement, la grotte n'a plus l'aspect sauvage qu'elle avait autrefois, quoique la grotte elle-même n'ait pas été touchée, mais seulement débarrassée du sable et des pierres qui l'encombraient.

Le recul du Gave, le cimentage du sol et les autres travaux faits jusqu'à ce jour sont moins des embellissements que des améliorations absolument nécessitées par la multitude des pèlerinages et des processions qui dépassèrent toutes les prévisions imaginables. On dut même modifier avec le temps quelques-uns des premiers travaux pour donner aux pèlerinages la facilité de prier et de se mouvoir comme ils le peuvent actuellement.

Aujourd'hui, pour mieux saisir l'aspect de ce champ miraculeux appelé *le Terrain de la Grotte*, il faut se placer contre le parapet de granit qui borde le quai du Gave, en face de la Grotte. Au dessus de la roche s'élance la basilique, blanche, svelte, avec sa flèche gracieuse, comme une chapelle bâtie dans les airs par les anges.

Autour de la basilique, une balustrade qu'on illumine la nuit surmonte la roche à pic et permet de voir ceux qui prient en bas, vont et viennent. A droite, les rochers de Massabielle se perdent sous un talus de verdure de vingt mètres de hauteur, ombragé d'arbres et d'arbustes à diverses essences qui protègent, embaument et poétisent les quatre lacets formant une M, et conduisant de la grotte à la basilique.

Au pied de ce talus, une large esplanade de gigantesques peupliers de Virginie et de conifères s'étend le long du Gave, ornée de bancs et de banquettes ; cette esplanade sert de promenoir, de réfectoire, de salle de lecture, de tricotage et de bavardage. Les prêtres y récitent leur bréviaire ou leur chapelet, les enfants s'y divertissent; les pèlerins d'un jour y mangent leurs provisions, et les bonnes langues y massacrent leur prochain.

A gauche, et presque contre la grotte, se trouve une boutique, très mal placée, dans laquelle les acheteurs et les vendeurs d'objets de piété, de bidons et de cierges y font ordinairement un bruit pitoyable qui distrait et dérange ceux qui prient. Il est probable qu'à la mort du frère qui tient actuellement cette boutique, depuis plus de vingt-cinq ans, on l'éloignera de ce lieu de recueillement et de prières, quoiqu'elle soit très commode pour les pèlerins qui n'ont pas à se déranger pour aller au loin acheter leurs cierges (1).

Plus à gauche du parvis de la grotte sont les piscines et la petite esplanade où l'on prie pour les malades que l'on baigne. Pendant les grands pèlerinages à malades, et surtout pendant le pèlerinage national, c'est, après le parvis, le lieu le plus mouvementé, le plus édifiant et le plus touchant à voir.

Encore plus loin, toujours à gauche, après la rampe semi-circulaire de l'église du Rosaire et sur les bords du Gave, on voit l'*Abri*, immense salle à deux étages, en granit ou marbre gris, de style gothique, qui sert tout à la fois de salle de réunion, de chapelle, d'hôpital et de réfectoire, selon le temps et la quantité de pèlerinages.

(1) Tous ces récits datent de 1885-1888.

En face de l'Abri et de l'église du Rosaire, qui sert de socle ou de piédestal à la basilique, s'étend la *Prairie de Savy*, admirablement arrangée pour les processions. Cette prairie est traversée dans sa longueur par deux grandes voies sablées bordées de marronniers ; à leurs extrémités se trouvent, à l'ouest, la statue colossale de la Vierge du Couronnement, où se chantent, le soir, le dernier *Magnificat* ou le dernier *Credo* des pèlerins, et, à l'est, la croix de pierre dite le Calvaire des Bretons. Autour de cette croix, les deux allées s'arrondissent et forment un grand cercle, tandis que devant la Vierge elles s'élargissent pour former une vaste place dans laquelle se pressent parfois plus de dix mille pèlerins.

Le rocher sur lequel est situé le château cache la ville et ne laisse voir, à droite comme à gauche, que les magasins d'objets de piété, les hôtels où vont loger les pèlerins, les couvents, les collines et la cime des Pyrénées couverte de neige la plus grande partie de l'année.

Ce rocher semble un rideau destiné providentiellement à séparer la demeure des hommes de celle où Marie est venue dix-huit fois pour remuer le monde, en commandant la prière et la pénitence.

Lourdes est moralement et physiquement parlant ce que sont toutes les villes, grandes ou petites, un mélange de bien et de mal ; aussi, le *Terrain de la Grotte* ou de la Bonne-Mère ne commence-t-il qu'à la prairie et finit au bout de l'esplanade, c'est-à-dire sur une étendue d'un peu moins d'un kilomètre. Son cadre est en même temps gracieux et grandiose au possible.

Avant de parler des pèlerinages, il est opportun de constater un fait de l'ordre spirituel, qui ne se voit aussi fortement accentué dans aucun autre sanctuaire du monde. Je veux parler du sentiment intime éprouvé par les pèlerins et les vrais chrétiens établis à Lourdes par dévotion envers Marie, ou même de passage, quand ils se trouvent sur le *Terrain de la Grotte*.

Dans tous les sanctuaires de la Mère de Dieu, les chrétiens éprouvent une dévotion plus facile et plus tendre que partout ailleurs ; ils se sentent pénétrés par une atmosphère de douce et consolante piété qui les envahit ; cependant, ils ne perdent ni le sentiment douloureux de leur misère morale et physique, ni la conscience de l'humble et profond respect qu'ils doivent à la Reine des cieux, ni la bassesse de leur condition de pécheurs.

A Lourdes, c'est-à-dire à la basilique, à la grotte et sur tout le périmètre consacré par la présence de la sainte Vierge, on oublie ses misères, on s'oublie soi-même facilement pour n'éprouver qu'un sentiment, celui qu'on est enfant de Marie, enfant de Dieu.

La chapelle et ses environs ne sont plus que le vestibule visible, la salle d'attente matérielle de la maison de la Mère de Dieu, de Dieu même, autrement dit, le ciel. Cette maison, cette demeure, on le sent, est aussi la nôtre ; nous avons le droit d'y circuler comme chez nous, presque l'obligation de nous en occuper, de veiller à ce que tout soit en ordre, soit beau, bon, doux, gracieux, et que l'amour divin y règne partout.

Les uns arrangent les cierges ; d'autres conduisent les aveugles, soutiennent les estropiés, les malades ou les faibles ; d'autres encore prient pour les malheureux qui viennent implorer les faveurs de Marie, donnent à boire de l'eau miraculeuse à ceux qui ne peuvent se servir eux-mêmes, ou plongent les infirmes dans les piscines ; en un mot, on est moins dans un sanctuaire que chez soi, mais un chez soi surnaturel, d'une ineffable douceur.

De là naît un dévouement pieux, une familiarité respectueuse pour tout ce qui concerne ces lieux bénis et pour tous les membres de cette grande famille chrétienne, éparpillée sur tous les coins du globe, qui viennent demander à la Vierge de Massabielle aide et protection, la bénir ou la remercier, et lui dire qu'on l'aime. Je le répète, ce sentiment n'existe nulle part ailleurs à pareil degré, ce calme, ce bien-être de l'esprit et du cœur, ce surnaturel, en un mot, est un phénomène religieux particulier à Lourdes.

A l'époque des pèlerinages, indépendamment

des malades, des brancardiers, des infirmières et des pèlerins prêtres, religieux, religieuses, militaires et civils, les abords de la grotte sont encore encombrés d'une multitude de voyageurs, touristes, baigneurs ou curieux, qui s'arrêtent à Lourdes en allant aux nombreuses stations thermales des Pyrénées.

Toute cette foule regarde prier, entend chanter ou prêcher et cause, assis sur les bancs de pierre ou de bois, ou debout ; d'autres se promènent sous les grands arbres de l'esplanade. Les uns admirent ou critiquent, d'autres prient ou mangent, d'autres encore boivent de l'eau miraculeuse, en remplissent des bidons et des bouteilles, ou s'en lotionnent le visage.

A côté de la grotte, une chaire en marbre gris-bleu de Lourdes est occupée, presque du matin au soir, par des ecclésiastiques, les directeurs des pèlerinages et des religieux qui prêchent donnent des avis ou dirigent les prières et les chants des cantiques. Les touristes et les curieux font quelquefois de l'esplanade un ombrage à pique-niques, une plage à cancans, une succursale du *Boulevard des Italiens*. Çe côté mondain de Lourdes, où les *pick-pokets* surabondent, jure étrangement avec le côté si profondément religieux du parvis de la grotte et des piscines ; mais il est inévitable avec la liberté laissée à tout le monde de voir, s'asseoir, manger, boire et se promener aux abords des roches de Massabielle.

Les femmes, aujourd'hui, placent leurs poches dans un endroit assez commode pour que le prochain puisse y glisser ses mains ; elles seules ont de la peine à les trouver ; aussi les voleurs et surtout les voleuses profitent de cette mode pour faire une ample récolte de porte-monnaies. En 1887, *quatre-vingt-quatre* porte-monnaie disparurent dans une seule journée.

Les toilettes des mondaines de passage et des nombreuses dévotes, qui font passer la *mode* avant le bon Dieu, font plus que de jurer dans ces lieux bénis où la modestie et la simplicité chrétienne devraient seules paraître. Il m'est arrivé maintes fois, en voyant ces costumes, ces chapeaux et ces tenues, où le ridicule le dispute à l'inconvenance, d'avoir l'envie de prier ces dames d'aller se plonger dans les piscines pour se débarrasser de leurs monstrueuses tumeurs, qu'elles appelaient *tournures*.

Les costumes, et particulièrement les coiffures, forment encore un des côtés pittoresques des pèlerinages de Lourdes. Les costumes populaires s'en vont à mesure que les chemins de fer passent à travers les villages, mais les coiffures sont entêtées, elles n'ont point encore abdiqué leur droit d'aînesse en faveur de la mode. Les capulets bleus, noirs, rouges, blancs, violets des Pyrénées, les coiffures écarlates de l'Ariège, les bonnets blancs des Nantaises en forme de mitre du moyen âge, les bonnetscasques, ronds, plats ou pointus des Bretonnes et des Vendéennes, les foulards-toques des Bordelaises et des Béarnaises, ainsi que les coiffures normandes forment une mosaïque fraîche, gracieuse et coquette.

A côté des coiffures rustiques, anciennes et pittoresques des différentes provinces de la France et de l'étranger ayant un caractère et peut-être une histoire, les vases de paille ou d'étoffe, les plats, les casquettes et les cuvettes cachés sous des massifs de panaches, de rubans ou de fleurs, que nos mondaines, dévotes ou non, se mettent sur la tête ou sur l'oreille, revêtent un caractère burlesque qui contraste piteusement avec les coiffures simples et modestes de nos paysannes.

Ce mélange de personnes appartenant à toutes les classes de la société, comme à tous les pays du monde, y compris la Chine et le Japon, donne une couleur cosmopolite et bigarrée des plus étranges aux masses de pèlerins, touristes et curieux qui se pressent autour de la grotte, surtout à l'époque des grands pèlerinages des mois d'août et de septembre. Ces cohues humaines et bigarrées fournissent des sujets d'études psychologiques des plus variés.

Les conversations des groupes qui se promènent devant le parvis ou sur l'esplanade et des flâneurs qui regardent, assis sur les bancs de pierre qui longent le Gave, ou debout autour des pèlerins qui prient, ces conversations, dis-je, sont aussi mélangées que drolatiques. Les uns critiquent ce qu'ils voient, d'autres dissèquent les hommes et les choses, beaucoup admirent et s'étonnent. L'étonnement bruyant, sérieux ou silencieux, est le sentiment qui domine la foule.

Il m'est arrivé plusieurs fois, dans mes moments de loisir, de crayonner sur mon carnet les fragments de conversations que j'entendais au milieu de cette *macédoine* humaine. Ces fragments sont assez bizarres pour en reproduire quelques-uns, afin de donner une idée de la composition de ces foules.

Une bonne dévote qui venait de *pisciner* des malades, *éreintait* la réputation de pas mal de monde auprès de quelques amies, assises sous un arbre près du Parvis, puis en voyant passer une autre dame de l'hospitalité de Notre-Dame du Salut, elle leur dit :

— Cette femme, je la déteste, parce que c'est une dévote qui dit toujours du mal de son prochain !

Hélas ! la bonne dame ne se doutait guère qu'elle faisait son propre procès.

Non loin d'elle, j'entendis les dialogues suivants :

— Tiens ! vois donc cette grosse femme en tablier bleu, près des piscines, comme elle porte bien ses moustaches !

— Elle devrait se raser, car on doit la prendre pour son mari.

— Ce n'est pas une femme, mais un gendarme déguisé.

— Vous vous trompez, c'est un brave hercule qui baigne les malades du matin au soir, sans voir blanchir un seul poil de sa barbe, et qui n'est ni commode, ni flatteur. Elle ne croit qu'aux miracles qui se font dans sa piscine, et n'en admet pas d'autres. Bonne, très bonne femme au fond, mais homme manqué.

A côté d'elles deux ecclésiastiques causaient depuis longtemps.

— Regarde donc là-bas devant les piscines tous ces gens qui prient les bras en croix, ils sont au moins douze cents ! disait l'un, lorsque je m'approchai d'eux.

— Oh ! c'est le grand curé barbu qui fait prier, avançons-nous, nous allons voir des miracles.

— Est-ce un assomptioniste ?

— Non, c'est l'abbé Macaigne, un saint prêtre qui fait si bien prier, qu'on voit toujours des guérisons et des conversions pendant les deux heures de son service aux piscines. . . . .

Près de moi trois jeunes gens, retour de Cauterets, parlaient assez bruyamment ; voici ce que je surpris de leur conversation :

— As-tu vu ces hommes et ces femmes qui portent d'énormes chapelets autour du corps ? Ils ont tous le bout du nez jaune !

— C'est qu'ils baisent souvent la terre en esprit

de pénitence; leur nez atteint la poussière avant leurs lèvres, et elle y reste. . . . .

— C'est drôle comme on se moque ici du respect humain ! Vois donc ces jeunes filles et ces dames, comme elles arrangent leurs robes et leurs chapeaux, en priant à genoux dans la poussière et baisant la terre !

— Et les hommes donc, vois leurs pantalons !

— Tiens ! vois donc cet officier qui se confesse là-bas en plein air ! Ah ! si le ministre le voyait, il passerait un vilain quart d'heure ! . . . . .

En ce moment, un jeune homme dit à l'un des deux prêtres dont je viens de parler :

— Mon Père, voulez-vous avoir la bonté de me confesser ?

— Je n'en ai pas le pouvoir ici, mais adressez-vous aux Pères de la grotte ; en voilà justement un à l'esplanade qui se promène en disant son chapelet. . . . .

— Eh bien ! as-tu entendu ?

— Quoi ?

— Ce petit crevé de X..., qui vient de demander à se confesser? Tiens ! regarde, il se met à genoux contre le parapet.

— Oh ! ça, c'est trop fort ! Lui ! mais c'est pas possible !

— Non seulement c'est possible, mais c'est se ficher du monde que de faire ces choses-là, comme ça, en public !

Deux enfants se disputaient un peu plus loin :

— Maman, Charles ne veut pas faire le cheval, dit une petite espiègle de huit ans.

— C'est parce qu'elle me donne des coups de fouet !

Arrive un vieux colonel, en compagnie d'un monsieur très distingué. Je crayonnai longuement leur dialogue, qui n'était interrompu que par des explications données par-ci, par-là, de scènes qui se passaient sous leurs yeux.

— Mais c'est donc un confessionnal que cette promenade ! Voyez donc cette vieille moustache blanche, avec la rosette de la Légion d'honneur, qui se confesse derrière ce groupe, là-bas !

— C'est sans doute un officier supérieur en retraite !

— C'est égal, c'est curieux tout ça !

— Tiens ! un Turc qui porte un cierge à la grotte !

— Ce n'est pas un Turc, mais un Syriaque, Maroum, de Jérusalem, qui vend des objets de piété.

— On chante le *Magnificat;* c'est un miracle qui vient de se faire aux piscines ; colonel, allons voir avant que la foule entoure le miraculé. C'est le dixième aujourd'hui, paraît-il !

— Deux béquilles en l'air, qui vont des piscines à la grotte ! C'est encore une guérison ! Regardez donc !

— Oh ! c'est cette grosse femme qui vient de Paris ! voilà trente ans, dit-on, qu'elle se traîne avec ses béquilles ! Oh ! comme elle a l'air heureux ! Voyez donc ses parents et ses amies du train, comme ils l'embrassent avec bonheur !

— Elle brandit ses béquilles en l'air comme un tambour-major sa canne ! . . . .

— Pourquoi, diable ! m'avez-vous fait venir ici, reprit le colonel ? Que c'est curieux ! que c'est curieux ! J'aurais mieux fait d'aller à Cauterets sans m'arrêter, car ça me donne envie de faire comme ces gens qui prient !

— Colonel ! qui vous en empêche ?

— Voilà cinquante-cinq ans que je n'ai pas mis le pied dans une église, et je ne me rappelle aucune prière. Mais c'est égal, ça fait quelque chose de voir tout cela. Écoutez ce que dit le grand curé barbu qui fait prier. Quelle belle tête il a !

— Mes frères, dit en ce moment l'abbé Macaigne, vous êtes fatigués de prier et de chanter depuis deux jours. Pour vous reposer, nous allons réciter une dizaine de chapelet, les bras en croix, pour ce jeune poitrinaire paralysé qu'on va plonger dans la piscine.

— Eh bien, s'écria le colonel, en voilà une manière de se reposer ! Que c'est curieux, que c'est curieux !

— Allons ! ajouta l'abbé, ne causons pas ni ne tournons pas la tête pour voir ce qui se passe.

Mes frères ! soyons polis avec le bon Dieu. Puisque nous sommes ici pour lui demander la santé de nos malades, faisons attention à ce que nous disons, et ne nous occupons pas de ceux qui se portent bien. *Ave, Maria*. . . . .

— Oh ! s'il y avait beaucoup de prêtres comme celui-là, notre pauvre pays ne serait pas malade comme il l'est !

— Colonel ! je meurs de soif; allons donc boire de l'eau miraculeuse, puisqu'il n'y en a pas d'autre ici.

— Allons, mais il faudra revenir voir. Ce curé me va. Mon Dieu ! que c'est curieux, que c'est curieux tout ça ! . . . .

— Tiens ! dit un jeune homme debout près de moi, vois donc, le poitrinaire qui sort guéri ! qu'il est pâle ! Il porte sa béquille en l'air et pleure !

— Qui donc l'embrasse en pleurant aussi ?

— C'est sa mère. . . . .

— Maman, murmura le poitrinaire, soutiens-moi, je ne sais plus marcher; j'en ai perdu l'habitude depuis quatre ans que je suis resté couché.

— Marchez, marchez, jeune homme, ne craignez rien, la bonne Mère vous a guéri, vous ne tomberez pas ; il faut avoir confiance en elle.

— Colonel ! allons-nous reprendre le chemin de fer maintenant ? lui dit son compagnon de voyage.

— Pas encore, nous avons le temps ; écoutons chanter et prier ; c'est si curieux cette foule de croyants.

— Mes frères ! ne soyons pas distraits par ceux qui passent derrière nous, reprit le P. Macaigne. Rappelons-nous que de nos prières dépend la guérison des pères et mères de famille qu'on baigne en ce moment. Ne soyons pas distraits par les malades guéris dans les piscines. Ne nous étonnons pas des guérisons qui se produisent, puisque nous ne sommes ici que pour les demander, et multiplier les miraculés. Pour ne pas être distraits, prions les yeux regardant le ciel. *Ave Maria*. . .

— Oh ! que c'est curieux, que c'est curieux ! criait toujours le colonel.

— Mes frères ! pour nous reposer, nous allons chanter un cantique d'actions de grâces pour remercier la sainte Vierge des grâces qu'elle nous a obtenues, et pour l'encourager à nous en obtenir d'autres. *Ave Maris Stella*. . . . .

— Mais f... c'est que ce curé me donne envie de me confesser ! (Immense éclat de rire, en entendant le juron du colonel.)

— Colonel ! rien n'est plus facile ; voici des Pères et des curés qui seront très heureux de votre conversion, et vous confesseront avec bonheur, lui dit en riant son ami.

— Eh bien, j'y vais ; attendez-moi. . . . .

Un des jeunes gens déjà mentionnés, disait à son voisin :

— On dit que cette petite fille qu'on accompagne à la grotte était muette, et qu'elle parle maintenant !

— Oh ! faire parler une femme ce n'est pas un miracle, mais les rendre muettes, en voilà un qui serait aussi grand qu'utile à la pauvre humanité.

— Allons, tais-toi, mauvaise langue. . . . .

— Je parie que cette toilette ridicule et tapageuse qui se promène et regarde effrontément les hommes, cache une vieille fille en quête d'un mari.

— Ce ne serait pas la seule. . . . .

— Ah ! vous voilà, colonel, eh bien ! partons-nous pour Cauterets ?

— Non, partez tout seul, j'ai trouvé le bonheur ici, je ne veux pas le lâcher de sitôt ; je ferai ma cure à la grotte. . . . .

— Où vont donc les miraculés avec leurs parents, leurs amis et les curieux, en sortant de la grotte ?

— Au bureau des *constatations médicales*.

Le bureau des constatations est certainement la plus heureuse innovation introduite à la grotte, grâce à l'initiative du docteur, baron de Saint-Maclou. Ce savant médecin, appelé le *bon Docteur*, à cause de son caractère sympathique, sa modestie et sa piété, savait que des gens arrivaient à Lourdes, pour exploiter la charité des pèlerins, avec de prétendues infirmités qui n'existaient pas ; que d'autres, réellement malades, se croyaient guéris, sans l'être, et que pour éviter les justes critiques de la science, il fallait contrôler les guérisons des malades vrais ou faux.

A son instigation, il fut donc établi près des piscines un bureau de médecins pour constater le caractère des maladies, et si les guérisons étaient réelles, complètes, inachevées, naturelles ou surnaturelles.

Les malades soignés par charité sont, après leur guérison, conduits à ce bureau ; les autres y vont s'ils le veulent ; les médecins de n'importe quel pays, de n'importe quelle croyance, et même sans croyance du tout, sont admis à ce contrôle, peuvent interroger les malades, examiner les certificats de leurs médecins, indiquant la maladie de leurs clients, le traitement suivi jusqu'à leur départ pour Lourdes, et discuter sur la maladie, le traitement et la guérison. En 1889, vingt-deux médecins vinrent dans ce but assister à ce contrôle médical.

Moi-même, je me rendis une fois à ce bureau pour assister à l'un de ces débats, et j'ai trouvé le baron de Saint-Maclou tellement difficile que je changeai son nom en celui de *Saint Thomas.* Aujourd'hui que les maladies nerveuses se manifestent par les phénomènes les plus étranges et les plus incroyables, je comprenais très bien que le bon Docteur ne vît pas des maladies organiques là où les nerfs étaient en jeu comme cause, mais je trouvais qu'il exagérait trop la puissance et la présence des nerfs dans les cas qu'il examinait. Ma façon de penser était également celle d'un docteur de ses amis qui lui disait un jour en riant : « — Vous voyez des nerfs partout, comme un malade qui a la jaunisse voit tout en jaune. »

A ce propos, je me rappelle qu'au mois d'août 1887, une femme se rendit au bureau des constatations médicales, où se trouvaient alors cinq ou sept médecins ; elle déclara qu'elle venait d'être guérie, dans la piscine, d'une hémiplégie qui datait de sept ans, et qu'elle était sortie de l'hôpital de la Charité de Paris pour venir à Lourdes. On l'avait portée sur un brancard à la piscine, elle en sortit parfaitement libre de ses mouvements et guérie.

Elle avait un certificat écrit en entier de la main du Dr Blachez, demandant son admission à la Salpêtrière, en qualité d'infirme et d'incurable. Le Dr Boissarie, qui raconte aussi ce fait dans son admirable livre : *Lourdes, Histoire médicale*, dit à ce sujet :

« Cette femme a donc été prise, il y a sept ans, d'une première attaque qui a marqué le début de sa paralysie. Il y a cinq mois, une deuxième attaque aggravait les premiers accidents. La malade est tombée et est restée vingt-quatre heures sans connaissance, la bouche déviée, la parole peu distincte. Une endocardite ancienne, d'origine rhumatismale, explique suffisamment la genèse des accidents cérébraux.

« Le cas est classique et semble ne pouvoir

supporter aucune controverse. Cependant, le Dr de Saint-Maclou, remontant plus avant dans le passé de cette femme, découvre qu'elle a eu des crises nerveuses, des attaques hystériques. Cette constatation suffit pour lui inspirer la plus grande réserve ; il a des doutes sur la nature de cette paralysie.

« Une discussion s'engage alors entre les médecins présents dans le bureau. Un interne de Paris et le Dr Duplan, de Tarbes, soutiennent énergiquement que cette paralysie est d'origine cérébrale, tandis que le Dr de Saint-Maclou dit qu'elle peut être essentielle, c'est-à-dire sans lésion. La question devient intéressante, mais les rôles sont singulièrement intervertis. Le médecin de Lourdes, retenu par sa prudence, ne veut voir qu'une guérison naturelle. Ses confrères entraînés, par leur conviction, reconnaissent une maladie au-dessus de tous les moyens ordinaires. »

Le bon Dr de Saint-Maclou n'était pas seulement d'une compétence tout à fait exceptionnelle sur les névroses les plus dissimulées et même les plus impossibles, car il disait, en parlant de cette compétence : « Souvent je vois ici, dans une semaine, ce que peu de médecins voient rarement en vingt ans. » Mais il était, en outre, un savant théologien; aussi, connaissait-il à fond la distance qui sépare un miracle d'une grâce, dans les guérisons qui s'opèrent à Lourdes.

On sait que l'Eglise ne donne le nom de *miracle* qu'aux guérisons surnaturelles, divines, *moralement instantanées*, d'une maladie organique, comme un abcès, un cancer, une tumeur, une carie des os, etc., que ni la science, ni les forces de la nature ne peuvent opérer, et qu'elle donne simplement le nom de « *grâce* » aux autres guérisons de maladies que la science ou les forces de la nature pourraient opérer, lors même que ces maladies dateraient d'un demi-siècle, et que les efforts de tous les meilleurs médecins du monde n'auraient pu guérir.

Un jour, en 1885, je fus témoin d'un fait qui me rappelle cette distinction, et qui m'amusa beaucoup.

Une femme paralysée, qui marchait péniblement avec des béquilles depuis de longues années, fut instantanément guérie aux piscines, et vint au bureau des constatations, après avoir laissé ses béquilles à la grotte, et remercié la sainte Vierge de sa guérison.

Le bon Docteur de Saint-Maclou la reçut avec sa courtoisie habituelle, examina les certificats des médecins, constata la guérison, et dit en congédiant avec bonté la miraculée :

« — Ce n'est pas un *miracle*, mais c'est une grande *grâce* que le bon Dieu vous a faite. Remerciez-le bien, et remerciez bien la sainte Vierge qui vous l'a obtenue. »

La femme, en s'en allant, sourit malicieusement et dit à ceux qui l'accompagnaient :

« — Cela m'est bien égal que les médecins baptisent ma guérison comme ils veulent. Que ce soit ou ne soit pas pour eux un miracle, cela ne me regarde pas ; pour moi, c'en est un, car voilà *quatorze ans* que j'étais malade, que je souffrais et ne marchais pas ; en priant dans la piscine, je me suis senti guérie subitement ; maintenant, je marche sans béquilles, ne souffre plus et me porte bien. Je suis joyeuse, heureuse de ma guérison, et toute ma vie j'en remercierai le bon Dieu et la sainte Vierge. »

Les faits et le temps ont presque toujours donné raison à la sévérite des jugements du bon Docteur. En outre, cette sévérité démontre aux médecins étrangers que, dans l'examen des miraculés, la religion est tout à fait mise de côté, pour ne laisser parler que la science la plus positive et la plus rigoriste, ainsi que l'impartialité la plus consciencieuse. Cette conduite du bon Docteur a jeté dans le plus grand étonnement bien des médecins qui, loin de trouver, au bureau des constatations, les pieuses complaisances auxquelles ils s'attendaient, n'ont trouvé qu'une sévérité d'examen et de jugement qu'eux-mêmes n'auraient pas portée à de telles extrémités.

Ce bureau des constatations médicales, toujours ouvert pendant les pèlerinages, est une véritable clinique d'un intérêt merveilleux. Fondé par le docteur de Saint-Maclou, le service de ce bureau s'est, pour ainsi dire, organisé de lui-même, et chaque année les médecins y viennent en plus grand nombre assister à l'examen des malades, les interroger et les visiter librement. En 1888, on a compté jusqu'à vingt médecins présents au bureau; en 1890, ils étaient trente venus de tous les points de la France; l'année 1892 en a vu cent cinquante!

Voici sur ce bureau ce que publiaient deux médecins dans des journaux du midi :

« De la hutte en planche qu'il occupait l'an dernier, le bureau des constatations médicales s'est transporté dans le superbe local aménagé tout exprès sous la rampe droite du Rosaire. Il y a là quatre pièces fréquentées chaque jour par de nombreux médecins et d'innombrables malades ou guéris. De huit heures à onze heures et d'une à six, les docteurs se rencontrent, travaillent, examinent, discutent, étudient. Parmi les praticiens présents, dont le nombre s'élevait à plus de cinquante au 25 août, on cite des incroyants et des croyants, des catholiques et des protestants, des convaincus et des sceptiques. On signale des représentants des facultés de Rennes, de Montpellier, de Lille, des Belges, des Anglais, et même des Canadiens. La composition hétérogène de ce milieu scientifique convient admirablement au but de l'institution ; elle assure l'impartialité qui doit présider aux consciencieuses recherches ; elle assagit les ardents enthousiasmes ; elle empêche le triomphe des préjugés, elle ne laisse place qu'à la seule vérité scientifique, à la méthode essentiellement critique et contradictoire.

« Aux heures de constatation, la clinique est remplie à la fois de calme et de vie ; tout le monde travaille en silence sous la savante direction de M. le Dr Boissarie.

« La première salle sert de cabinet d'attente aux malades et aux guéris. C'est là que les bénis de la Vierge viennent chercher refuge contre les enthousiastes ardeurs des foules transportées ; c'est là encore que les malades viennent se faire examiner avant la descente dans les piscines. On a beaucoup remarqué un médecin anglais photographiant les plaies et les difformités.

« Les deux salles suivantes servent aux examens approfondis des guéris. Des commissions médicales, composées de deux ou d'un plus grand nombre de praticiens, y font le travail éliminatoire. Les sujets peu intéressants sont écartés après un examen sommaire. Les cas vraiment extraordinaires sont étudiés avec une minutie remarquable ; on examine les dossiers du ci-devant malade : certificats médicaux, lettres explicatives, pièces d'identité, etc. On étudie la réalité des changements affirmés. Comme un docteur avait eu l'heureuse idée de se munir d'instruments de précision, on a pu, cette année, se livrer à des examens spéciaux et rigoureux, surtout pour les maladies d'yeux ou d'oreilles.

« Ce travail préparatoire achevé, les médecins qui y ont procédé introduisent le guéri dans la grande salle. Ils font rapport sur ce qu'ils ont constaté, et c'est alors seulement que s'ouvre la discussion générale et contradictoire.

« Les opinions sont exprimées avec grande liberté, les méthodes les plus diverses sont appliquées, les guéris et les témoins sont soumis à des interrogatoires minutieux. Chacun prend des notes, pose des questions, soulève ses objections, conclut à sa manière, quitte à essuyer la critique de ses confrères ou moins osés ou plus audacieux. La synthèse des débats est généralement résumée par le Dr Boissarie, dictant à haute voix et sous le contrôle de ses collègues le procès-verbal de chaque partie de la séance.

« Souvent on invite les guéris à repasser les jours suivants et on les soumet à de nouveaux examens. Parfois on décide de procéder à des enquêtes plus complètes dans le courant des mois suivants, et on charge un médecin en renom de la conduite des recherches.

« On voit combien sont peu fondées les critiques, émises par certains publicistes incrédules, sur le soi-disant parti pris qui guiderait les autorités médicales de Lourdes. Tous les médecins qui se sont présentés à la clinique ont été admis, quelles que fussent leurs opinions, leurs idées, leur religion, et tous ont rendu hommage à l'impartialité vraiment scientifique qui préside aux examens médicaux.

« ... Situé sous les arceaux des grands escaliers, le bureau des constatations est assez vaste. C'est là que, devant une commission scientifique, chaque malade guéri vient faire le récit de sa guérison. On consulte avec beaucoup de circonspection les certificats délivrés par les médecins traitant au moment du départ, puis on procède à un minutieux examen de l'intéressé, tandis que des secrétaires prennent en note les déclarations des médecins. Vous dire la quantité de gens qui passent devant le bureau est impossible. A tout instant arrive un impotent qui n'avait pas marché depuis dix ans et qui, après l'immersion dans la piscine, a senti en lui une force inconnue l'envahir et lui permettre de se rendre tout seul devant nous. Une autre fois c'est une femme rongée par une plaie cancéreuse horrible, qui la voit se cicatriser presque instantanément.

« J'ai eu la liberté d'ausculter moi-même une phthisique chez laquelle les signes cliniques dénotant dans ses poumons la présence du terrible bacille, avaient complètement disparu. Cette femme, alitée depuis des mois, ne pouvait plus ni respirer ni manger et se trouvait en proie à cette cachexie des phymiques si impressionnante. A peine sortie de l'eau glacée de la piscine, cette femme — qu'un bain froid aurait dû tuer cent fois — s'est tout à coup sentie renaître. Elle s'est levée, a marché, a mangé comme une personne saine, et de plus elle respire avec la plus grande aisance.

« J'ai vu successivement des hernies aussi bien guéries qu'après une « cure radicale » ; des phlébites anciennes disparues instantanément ; des hydropisies résorbées ; puis toute la gamme des affections des membres et des os, telles que les osteo-myélites, les ostéo-arthrites, les coxalgies, etc. ; les tumeurs squirreuses, l'ataxie, les névrites chroniques, les ulcères de l'estomac, et bien d'autres spécimens appartenant au champ si vaste de la pathologie. Rien ne résiste à la puissance de l'eau de la fontaine de Bernadette.

« Il est une merveille dont je veux dire un mot, car c'est bien la plus merveilleuse quoique la moins célèbre. Il faut bien avouer, en effet, que la première manifestation de la bonté de Marie est l'éloignement des épidémies qui pourraient éclater dans une agglomération aussi compacte. Rien ne vient troubler ces braves gens venus de loin, éreintés par le voyage, et ne prenant qu'une nourriture défectueuse, soumis à la chaleur d'un soleil de plomb et ne respirant qu'un air vicié par une abondante poussière. Pour moi, c'est une des choses qui m'ont le plus frappé. Parmi les vingt ou les vingt-cinq mille personnes réunies à Lourdes, on n'a signalé qu'une mort, celle d'un prêtre tellement fatigué par la chaleur qu'il a fini par succomber à une congestion cérébrale.

« Enfin, pour être complet, je dois mentionner à Lourdes la présence de plus de cinquante médecins ou élèves médecins venus des quatre coins de la France. Il y avait entre autres un médecin anglais fort émerveillé par ce qu'il voyait défiler sous ses yeux !... »

On me permettra d'emprunter encore les quelques lignes suivantes au docteur Boissarie, pour donner un aperçu de la manière dont sont reçus les médecins de France et de l'étranger quand ils viennent à cette clinique d'un nouveau genre.

« Plusieurs de nos confrères venaient encore pour la première fois, sans opinion arrêtée, mais avec la volonté ferme de se faire une opinion personnelle. Quelques-uns prenaient des notes avec beaucoup de soins, et ont emporté de la sorte tous les éléments d'information qui pouvaient leur être utiles.

« D'autres voulaient conduire eux-mêmes l'enquête et chacun a pu donner ainsi à son interrogatoire, à son examen, la forme, la direction de son choix ; à ses conclusions, le sens qui traduisait le mieux ses impressions. Le champ est toujours ouvert pour toutes les opinions, et c'est au milieu de la discussion la plus courtoise, souvent la plus élevée, que les objections se formulent ou se résolvent.

« Nous sommes toujours heureux de nous entourer des conseils de nos confrères, et c'est dans des causeries familières que se traitent ou s'élucident les plus délicates questions.

« C'est une petite académie, par le nombre et parfois par l'importance de ses membres. Sur le seuil de la salle, on oublie les préoccupations étrangères, les questions de personne toujours irritantes, les préjugés de l'école. L'esprit est libre pour la recherche de la vérité, pour l'étude et l'interprétation des faits qui nous sont soumis. Qui aurait jamais pu croire que, si la liberté était exilée de nos doctes assemblées, elle trouverait à Lourdes un dernier refuge ? »

Il est déjà bien loin le temps où des médecins n'auraient osé prononcer le nom de Lourdes, devant quelques-uns de leurs confrères, de crainte de s'attirer un sourire moqueur. « Les faits de Lourdes appartiennent désormais à la science, dit Bernheim. La science les accepte, les classe et les étudie : l'interprétation seule reste en litige. » Charcot dit à peu près la même chose ; mais quant à l'*interprétation*, ces messieurs l'esquivent en ne voulant pas admettre les guérisons instantanées à Lourdes, des maladies organiques.

Si ces messieurs lisaient la partie médicale des *Annales de Lourdes*, ou l'ouvrage du docteur Boissarie, ils verraient que les maladies purement nerveuses sont, au contraire, traitées et considérées comme des « quantités négligeables. » On parle de leur guérison par reconnaissance, on en parle parce qu'elles font nombre, on en parle pour bien des raisons, mais ce sont les nombreuses guérisons des maladies organiques, des poitrinaires, des sourds et muets, des aveugles, etc., qui suscitent surtout l'intérêt des médecins de Lourdes, de leurs examens, de leurs enquêtes et de leurs publications.

On peut dire maintenant que les guérisons miraculeuses de Lourdes sont aussi bien incontestables, qu'incontestées par la science qui veut les étudier sérieusement et loyalement. Le bureau des constatations a certainement été l'un des instruments providentiels les plus importants pour opérer ce résultat, car, avant sa constitution, les feuilles religieuses parlaient seules de ces guérisons. Malheureusement, elles en parlaient souvent sans contrôler les faits, sans se rendre compte de leur nature, de leur caractère, avec la chaleur inspirée par la piété, la reconnaissance, et le mot de *miracle* était prodigué de telle manière que les cœurs les plus religieux devenaient sceptiques sur les « miracles de Lourdes ».

Les personnes dévotes se sont gendarmées contre ce bureau, le trouvant inutile, inconvenant, déplacé, vis-à-vis des élans de la foi, de la prière et de l'intervention divine.

— « Les miracles, me disait une de ces person-

LA GROTTE ACTUELLE

nes, n'ont pas besoin de l'approbation des médecins ; c'est inconvenant de vouloir contrôler les actes de Dieu. »

C'est vrai, mais les médecins ne *contrôlent* nullement les miracles ni les actes de Dieu ; ce sont les malades et les maladies qu'ils contrôlent, et c'est très heureux, car chaque année l'on voyait de faux malades venir à Lourdes, y jouer la comédie du miraculé, comédie devenue rare depuis l'établissement du bureau.

L'intervention de la science, des médecins dans la constatation des faits surnaturels de Lourdes, est une preuve que Dieu veut que la réalité de ces faits ainsi que leur caractère divin ne restent pas sous le boisseau, mais qu'ils soient connus de toutes les classes de la société, même des incroyants.

Dans un siècle où les sociétés semblent vouloir retomber dans l'enfance, par suite de la décrépitude des caractères, des sentiments et des esprits, où tout se matérialise et se sensibilise, on dirait que le bon Dieu, par pitié pour nous, a voulu sensibiliser en quelque sorte, son gouvernement des hommes et des choses, et permettre que les bienfaits de sa providence fussent scientifiquement analysés, démontrés, prouvés.

Dieu renouvelle, dans une certaine mesure, vis-à-vis de notre pauvre humanité, sa conduite à l'origine des sociétés, et surtout de notre société chrétienne, lorsqu'il répandait à pleines mains le miracle, pour condenser, si l'on peut s'exprimer ainsi, en un fait surnaturel, les vérités religieuses que nous devons croire et pratiquer pour atteindre nos destinées éternelles.

L'homme ne dirige plus sa pensée ni son cœur vers le domaine sublime et divin des vérités éternelles, qui sont son élément propre, et peuvent seules lui donner cette félicité sans lendemain qu'il poursuit partout ici-bas et ne trouve nulle part. Son intelligence et ses facultés physiques et morales se penchent sans cesse vers les choses matérielles de la vie, s'approvisionnent par les sens de sensualisme à outrance, et ne jettent plus qu'un regard distrait dans le domaine de l'âme qui n'est autre que celui de Dieu.

C'est donc aussi par le côté faible de l'homme du dix-neuvième siècle, par le côté des sens, que Dieu fait descendre sa divine lumière sur l'homme moderne pour le sauver. En effet, c'est par des actes sensibles, visibles à tous ceux qui veulent les voir, que Dieu se manifeste à lui, le touche et le ramène dans le sentier du devoir.

C'est en voyant la guérison instantanée du sourd, de l'aveugle, du paralytique, du poitrinaire, en un mot de toutes les maladies que la science et les forces de la nature ne pouvaient guérir, que l'homme touche, pour ainsi dire, la preuve de l'existence de Dieu, de sa toute-puissance, de son intervention surnaturelle et providentielle dans les choses de ce monde. C'est en voyant ces guérisons qu'il comprend que la vraie prière trouve toujours ouvert le cœur si tendrement paternel de son Dieu ; que la théologie la plus simple, comme la plus sublime, se laisse facilement lire à travers ces actes de compassion divine que nous appelons des miracles, et qu'alors il se prosterne, adore, aime et croit, comme saint Paul sur le chemin de Damas.

CHAPITRE VII

Les deux Hospitalités. — Les Hospitaliers de Notre-Dame du Salut. — L'Hospitalité de Notre-Dame de Lourdes. — Les Piscinières. — Les Infirmières. — Les Brancardiers.

AVANT de parler des pèlerinages, et pour mettre de l'ordre dans la photographie des hommes et des choses qui se voient à la grotte de Lourdes, nous devons, après avoir esquissé le spectacle présenté par les foules des pèlerins et des touristes aux jours des grands pèlerinages, parler des deux hospitalités qui font le service des malades.

Ces deux institutions, vraiment admirables, l'hospitalité de Notre-Dame de Lourdes, et celle de Notre-Dame du Salut, sont chargées du service d'ordre et de celui des malades, principalement des pauvres hospitalisés à Notre-Dame des Sept-Douleurs, à l'hôpital municipal, et dans les ambulances provisoires qu'on établit lorsque le nombre des malades l'exige. L'importance et les difficultés de ce double service ne peuvent être sérieusement appréciées que par les personnes initiées aux besoins multiples des grands pèlerinages.

L'origine des hospitaliers de Notre-Dame de Lourdes remonte à l'époque où les malades venaient à la grotte demander leur guérison, et se lavaient ou se baignaient dans l'eau miraculeuse, c'est-à-dire peu de temps après l'apparition de la source. Tous les chrétiens de bonne volonté qui se dévouaient à leur service composaient ce noyau d'hospitaliers.

Quand la première piscine fut organisée, l'on vit des personnes d'une profonde piété, venues à Lourdes pour habiter ce lieu béni par la présence de la sainte Vierge, se consacrer d'une manière spéciale au service des malades. Elles allaient les chercher à la gare, les conduisaient aux hospices, à leurs domiciles provisoires, à la grotte, les lavaient, les baignaient, priaient avec eux, et s'occupaient de tous leurs besoins physiques ou religieux.

Dans ces derniers temps, les RR. PP. de l'Assomption ayant fondé l'Hospitalité de Notre-Dame du Salut, M. de Combettes du Luc en fut nommé président. Cet esprit organisateur jusqu'au bout ongles, c'est-à-dire à l'excès, et d'une activité fébrile voulut donner à cette association chrétienne et bienfaisante un essor considérable, pour généraliser le bien, le dévouement et l'activité personnelle dans les familles. Dans son esprit, les faits miraculeux de Lourdes et les pèlerinages devaient être l'âme et le principal moteur d'un nouvel apostolat pratique, qui ferait des brancardiers, en général fils de familles, autant d'apôtres sérieux pour faire rayonner autour d'eux la vie franchement chrétienne.

Sous son habile direction, l'Hospitalité de Notre-Dame du Salut devint un corps admirablement organisé, très compliqué, peut-être même trop compliqué, car il fit dépenser beaucoup d'argent en un déluge de paperasses, d'imprimés de toutes sortes, de croix de carton couvertes de laine, de toutes les couleurs, pour distinguer la multitude des fonctions créées pour les différents services de la grotte, des hôpitaux, de l'administration, et de bretelles-courroies, simplement décoratives, pour tous ceux qui n'avaient pas, comme les brancardiers, de malades à porter.

Les anciens hospitaliers volontaires, résidant à Lourdes, furent en partie exclus de l'Hospitalité de Notre-Dame du Salut, leur esprit ne s'accordant pas avec l'esprit trop exclusif des amis de M. de Combettes. L'esprit de ces derniers alla même au point de ne plus reconnaître, pendant le pèlerinage national, d'autre autorité que celles de M. de Combettes et des Pères de l'Assomption. En 1885, ils ne permirent pas même au P. Paul Fitau, missionnaire de Lourdes, d'entrer à la grotte pour y prier selon son habitude, et mirent à la porte des chapelles de la basilique, le Père missionnaire chargé de la régularisation du service des messes.

Mais ces petites misères, plutôt drôlatiques qu'autre chose, inévitables et naturelles dans les commencements d'une organisation trop compliquée, disparurent aussitôt après s'être produites. Cette leçon ne fut pas perdue pour les successeurs de M. de Combettes, et, dès l'année suivante, en 1886, l'Hospitalité de Notre-Dame du Salut prit un esprit plus conforme à son saint ministère; le dévouement le plus parfait et la charité la plus chrétienne inspirèrent uniquement tous les actes de ses membres.

A côté des hospitaliers, qu'il ne faut pas confondre avec les brancardiers, se trouvaient des hospitalières, qu'il ne faut pas confondre non plus avec les infirmières, le mot *hospitalier* étant générique, et s'appliquant à tous les membres de l'Hospitalité. Cette distinction paraît absolument nécessaire pour particulariser le caractère des fonctions spéciales des membres de cette institution.

A la grotte, les hospitalières, n'ayant guère autre chose à faire qu'à donner à boire aux malades, sont en majorité de jeunes filles qui brillent plus par le côté naturel de leur âge, que par le côté surnaturel de leurs fonctions.

Avec elles se trouvent des dames de tous les âges, vraies sœurs de charité, qui donnent aux malades tous les soins, tous les encouragements qu'elles peuvent. Quelques-unes s'attachent spécialement à des malades qu'elles ont accompagnés pendant leur voyage, et ne les quittent pour ainsi dire plus ni le jour ni la nuit.

Ces infirmières volontaires sont de vraies mères pour les malades, et leur esprit n'est pas moins élevé que leur cœur pour donner quelques paroles d'espoir ou de consolation à toutes les infortunes qu'elles soignent.

Quant aux Petites sœurs de l'Assomption, il serait assez difficile d'essayer de photographier sur place leur dévouement pour les malades pauvres, sans diminuer considérablement la beauté de leur charité, de leur modestie si simple et si naturelle, de leur activité douce et sans brusquerie, de leur entrain si plein de cœur et de piété, en un mot, de leur tendresse maternelle pour toutes ces douleurs vivantes. Ce qu'elles leur prodiguent d'esprit, de cœur, de forces, de soins, d'attentions et de délicatesses pour améliorer, adoucir, soulager les misères physiques et morales des malades, c'est inconcevable; cela se voit, s'admire, mais ne se comprendrait pas sans Dieu.

Pendant quelque temps, les critiques, plutôt humouristiques que méchantes, tombèrent comme grêle sur le personnel hospitalier de la grotte, principalement sur le personnel féminin. Les toilettes, surtout celles des jeunes filles, formaient un contraste étrange avec les misères humaines étalées sur le parvis de la grotte, et que ces hospitalières faisaient profession de soulager.

Au lieu d'être édifié par ce contraste de la richesse au service de la pauvreté, l'on y vit le mauvais goût de la mondanité, l'on en fut assez choqué pour engager les Pères assomptionistes à prier ces dames de porter sur elles moins de bijoux et de dentelles. Les toilettes à la mode, les chapeaux fleuris, empanachés, enrubannés, et les tabliers blancs ou bleus à bavette et garniture persistèrent. Aussi les mauvaises langues finirent par donner à l'Hospitalité, telle que la fit M. de Combettes, le nom d'*Agence matrimoniale*.

Non seulement ce titre était méchant, mais il était faux pareillement, car il ne fut prononcé qu'à cause des toilettes féminines qui s'étalaient sur le parvis de la grotte, et cependant auxquelles on n'aurait fait aucune attention quelque pas plus loin, et sans deux ou trois faits assez vulgaires pourtant dont le suivant me fut raconté par les principaux intéressés.

Mme la baronne X, hospitalière des plus platoniques, protégeait un de ses petits cousins, auquel elle servait peut-être un peu de mère, et dont le passé laissait beaucoup à désirer ; aussi ne trouvait-il pas à se marier. La baronne, croyant que son titre aurait plus de puissance en province qu'à Paris, fit venir à Lourdes son cousin, l'enrôla parmi les brancardiers, et voulut lui faire épouser Mlle G., riche, pieuse et jolie hospitalière qui remplissait ses fonctions à la grotte avec autant de modestie et de simplicité que de dévouement.

La mère fit la sourde oreille, et comme la grotte est un endroit où les conversations entre jeunes gens et jeunes filles sont à peu près impossibles, la baronne, ne se donnant pas pour battue, réussit à faire mettre la jeune fille au service des malades de l'hôpital de la ville. Comme son cousin s'y trouvait presque constamment, elle avait espéré que les deux jeunes gens s'y rencontreraient fréquemment, pourraient causer, et se plairaient réciproquement.

Elle fut trompée dans ses espérances ; la jeune fille ne voulut pas de ce singulier manège, et le cousin revint à Paris sans avoir pu mettre la main sur la dot, dont il aurait eu grand besoin.

Ces sortes de choses sont assez naturelles partout, et les gens grincheux ou sots sont les seuls à s'étonner de voir qu'ils se passent à Lourdes comme ailleurs. Partout l'on voit de braves femmes qui cherchent à fabriquer des mariages, comme d'autres fabriquent des chandelles, par manie, par amour de l'art et dans l'intérêt de leurs amis. « Honny soit qui mal y pense. »

Il en est du surnaturel comme d'un beau tableau ; le naturel lui sert d'ombre qui relève la beauté de ses caractères, et rappelle que la scène se passe en ce bas monde, où les enfants, grands et petits, sont plus nombreux que les méchants.

Si j'avais quelque reproche à faire à ces demoiselles en tabliers bleus ou blancs, à toilettes plus ou moins distinguées, qui donnent à boire aux malades à la grotte, ce ne serait certainement pas de *poser* pour des motifs personnels, peut-être même sans s'en douter, ce serait plutôt de montrer trop de familiarité, le matin, avec le bon Dieu. Elles passent et repassent devant le très saint Sacrement qui repose dans le tabernacle, sur l'autel, ou se donne à la table de communion, sans faire de génuflexion, ni prendre la peine de le saluer en aucune manière.

Cependant, il ne faut pas être trop sévère pour ces jeunes filles, car le plaisir qu'elles éprouvent d'être à la grotte, de pouvoir se rendre utiles aux malades, et de voir les spectacles merveilleux qui se passent devant elles, peut bien leur faire oublier un instant que la politesse et le savoir-vivre ne doivent jamais s'oublier même devant Dieu. De nos jours, hélas ! ces deux choses passent de mode ; et si la bonne éducation, comme les bonnes manières, commencent à devenir rares dans les familles et la société, c'est surtout à l'église et vis-à-vis de Dieu, dans sa propre maison, qu'on s'aperçoit que la tenue de beaucoup de chrétiens laisse à désirer à ce point de vue, comme à celui du profond respect qu'on doit à la présence de Jésus-Hostie dans son tabernacle.

Sous la direction de M. de Combettes, l'Hospitalité de Notre-Dame du Salut, n'étant pas encore bien assise, et n'ayant pas l'expérience pour elle, péchait par les défauts de ses qualités. L'enthousiasme de la jeunesse poétisait plus qu'il ne christianisait cette belle mission de servir de pauvres malades, mais ce fut de coute durée.

Quoique ces petites misères ne fussent sensibles que pendant les trois ou quatre jours du pèlerinage national, le T. R. P. Sempé, supérieur général des missionnaires, mit, en 1885, un terme à l'essai qu'il avait fait d'exclure les Pères de Lourdes de la direction de l'ordre à maintenir à la grotte, ainsi qu'à la Basilique, pendant les grands pèlerinages.

Pour reprendre doucement et naturellement possession du terrain perdu, il institua la confrérie de l'Hospitalité de Notre-Dame de Lourdes qui fonctionne toute l'année. Cette association n'a qu'un but: le soin des malades qui viennent à la grotte demander leur guérison. Son esprit est le dévouement cordial, simple et chrétien; c'est d'ailleurs ce que réclamait souvent et particulièrement à cette même date, le 20 août 1885, le T. R. P. Picard, supérieur général des Pères de l'Assomption, lorsqu'il demandait aux membres de l'Hospitalité de Notre-Dame du Salut : « La prière, la simplicité, l'esprit de sacrifice, une grande piété dans l'exercice de leurs fonctions. »

L'institution de cette nouvelle Hospitalité fit reprendre aux Pères missionnaires le terrain perdu par leur essai d'effacement dans la direction du service des pèlerinages, et rendit à celui des malades le caractère exclusivement religieux qu'il devait avoir, sans l'encombrer de cette complication administrative, onéreuse et même inutile de sa sœur aînée.

Son influence religieuse pleine d'abnégation et de bonne camaraderie fit, autant que possible, des *piscinières*, c'est-à-dire des hospitalières qui baignent les malades aux piscines, un essaim d'abeilles du bon Dieu, qui travaillaient du matin au soir avec une énergie surnaturelle, unies étroitement par les mêmes sentiments et par la même tâche aussi répugnante que fatigante, dont je dirai quelques mots plus loin.

Avant l'érection de la confrérie de l'Hospitalité de Notre-Dame de Lourdes, quelques-unes de ces saintes femmes étaient divisées, par les occupations, les sentiments et le caractère, en petites coteries, tout à fait féminines, naturelles et même drôlatiques, ce qui ne les empêchait nullement de remplir avec une virilité toute chrétienne leur belle et triste besogne.

Parmi ces petits groupes féminins, il en était un plus prépondérant que les autres, et sur lequel on glosait en souriant dans le monde de la grotte. Ainsi l'on affirmait que ses membres se croyaient un tantinet thaumaturges. Quand une guérison se faisait dans la piscine desservie par ce groupe, les autres dames de ce groupe, provisoirement absentes de la piscine, venaient aussitôt embrasser et féliciter les piscinières « du miracle opéré dans leurs mains ». Une fois, paraît-il, on entendit une d'elles dire :

« — C'est dans *ma piscine* que se font les miracles. »

En 1887, ce respectable groupe fit une protestation contre la guérison d'une personne que le docteur de la grotte, le baron de Saint-Maclou, déclara guérie, du moins *provisoirement*, car le docteur attendait toujours six mois, et même un an pour se prononcer définitivement.

Cette personne avait les certificats de deux médecins qui l'avaient soignée, du vicaire général de son diocèse, et le témoignage d'un certain nombre de personnes honorables qui l'avaient connue pendant sa maladie. N'importe, nos bonnes piscinières en savaient plus que les médecins et tout le monde, elles firent signer par leurs compagnes, leur protestation contre l'authenticité de la guérison, le verdict du docteur, et déclarèrent que si le *Journal de Lourdes* publiait cette guérison, elles publieraient leur protestation.

Sans doute, cette persistance à ne pas vouloir admettre une guérison évidente provenait de ce que ces bonnes dames avaient, à l'égard de quelques malades, des sympathies et des antipathies qui se traduisaient, pour les unes, en actes de bienfaisance en dehors de leur service, et pour les autres, en actes de simple charité chrétienne commandés par leur service.

Tout cela n'empêchait pas le bon Dieu de se servir de ces grands enfants pour faire son œuvre la plus merveilleuse, après la conversion des pécheurs, et qui s'appelle le miracle. Ces petites misères, aussi naturelles que féminines, seraient passées inaperçues ailleurs qu'à Lourdes, et surtout dans une œuvre aussi belle, aussi fatigante que celle de baigner les malades. Aussi, ce contraste entre la beauté de l'œuvre et ces petits travers des instruments qui l'accomplissaient, jetait parfois des étonnements naïfs parmi ceux qui les connaissaient ou les apprenaient tôt ou tard.

On dirait que ces étonnements entrent pour quelque chose dans le plan divin et que le bon Dieu les aime, tant il en multiplie les causes, pour nous montrer que pour ses œuvres les plus admirables il se sert habituellement d'instruments plus ou moins imparfaits, qui font mieux ressortir sa puissance, son indépendance des hommes et des choses, et son intervention surnaturelle.

Toute médaillle a son revers, et quand une institution n'en a pas, c'est le personnel qui le fournit, souvent parmi les âmes les plus dévouées, et les plus fortement trempées dans la foi, comme dans les sentiments de la charité la plus sublime.

Aux piscines, on remarque ce fait d'une manière

frappante, car si, par loyauté, franchise, et pour mieux faire ressortir le côté naturel de l'œuvre surnaturelle de Lourdes, j'ai parlé de ces petites misères, il faut cependant avouer que les piscinières offrent à l'admiration du public un côté simplement héroïque.

En effet, déshabiller, habiller, manipuler et baigner de pauvres femmes, parfois jusqu'à cinq ou six cents dans la même journée, jeunes ou vieilles, souvent malpropres, couvertes de plaies, et répandant une odeur infecte, il faut plus qu'une foi robuste, une charité surhumaine, un estomac solide et des muscles de fer, il faut encore une force surnaturelle pour accomplir jusqu'au bout cette tâche vraiment divine. Aussi, quand le bon Dieu jugera ces braves cœurs, je ne doute pas qu'il dira, peut-être en souriant, que ces misères sont des travers de femmes, cachés par le peignoir ou le drap dont elles enveloppent les malades pour les baigner, et qu'il négligera de juger en elles ce qu'il trouvera caché de la sorte.

C'est surtout dans les hôpitaux que la charité chrétienne des dames hospitalières, souvent appelées *Infirmières* pour distinguer leur service de celui des autres, se révèle dans tout son héroïsme surnaturel. La plupart de ces dames font partie de cette phalange de baronnes, comtesses, marquises, et autres qui, peu de jours auparavant, vivaient dans le luxe de leurs châteaux ou de leurs salons, au milieu de la soie, des fleurs et de toutes les fantaisies que procure la fortune.

Servies par des valets de pied et des domestiques de toutes sortes, les voilà maintenant ce que Dieu les veut, des femmes de l'Evangile, les servantes des pauvres et des infirmes, soumises aux volontés des malades, dont le caractère est parfois aigri par la misère, la souffrance, et dont les plaies les plus dégoûtantes, l'infection, ainsi que les difformités physiques ou morales, soulèveraient le cœur de natures moins délicates et moins chrétiennes que celles de ces âmes d'élite.

Toutes sont devenues mères, sœurs, filles et domestiques de ces pauvres déshérités des biens de ce monde. La charité leur a fait oublier leur luxe ou leur blason, pour se vouer au service de toutes ces misères. Rien ne les rebute ni ne les arrête; toujours bonnes et souriantes, malgré les exigences et les impatiences des malades, elles compatissent à leurs souffrances, s'ingénient pour leur être agréables, et leur adressent de bonnes paroles pour les consoler et leur redonner confiance.

Quoique la nourriture soit abondante et bien préparée par les sœurs, ces dames leur donnent quelques douceurs , soit comme supplément de nourriture, soit comme dessert. En outre, la nuit elles veillent à tour de rôle dans les salles, et cette veillée n'est pas la moindre de leurs fatigues, car parmi les malades qu'elles ont à veiller, les uns ont le délire, d'autres des crises violentes; à d'autres, il faut nettoyer et refaire les lits; consoler les uns, calmer les autres; ici, c'est une potion qu'il faut donner; là, c'est une plaie qu'il faut panser, etc.

Ce n'est pàs non plus une agréable et petite besogne de donner à manger à des centaines de malades de toutes sortes, et de leur servir de femmes de chambre, dans tous les plus petits détails que comportent ces fonctions. J'ai vu plusieurs fois des hospitalières de Notre-Dame de Lourdes qui, se donnant à peine le temps de manger, déjeunaient *sur le pouce* comme de simples ouvrières pressées d'achever leur travail. Aussi, ne serait-il pas étonnant que le bon Dieu, pour récompenser leur courage et leur dévouement, opérât quelques-unes de ces guérisons miraculeuses qui répandent dans le cœur de ces dames et dans les salles des hôpitaux, tant de joie, de bonheur et d'espérance.

Les brancardiers constituent la partie la plus importante de l'Hospitalité de Notre-Dame de Lourdes, comme les hospitalières en sont la partie la plus touchante. Sur toutes les deux les éloges et l'admiration ne tarissent pas, et sont vraiment mérités. Les brancardiers se recrutent dans toute la France, à l'étranger, même parmi les membres de l'Hospitalité de Notre-Dame du Salut, et surtout dans les grandes familles du midi, partout, en un mot, où la noblesse du sang s'allie à celle des sentiments les plus chrétiens.

La piété, la charité, l'abnégation et le dévouement de tous ces grands cœurs tiennent du prodige. Le bien qu'ils font simplement et sans ostentation est assez admirable pour faire couler des larmes d'attendrissement, non seulement aux malades qu'ils soignent, mais encore à ceux qui voient la manière dont ils accomplissent leur noble tâche. Si je ne craignais de blesser leur modestie, je citerais leurs noms, qui mériteraient d'être gravés en lettres d'or sur le granit de la grotte, mais Dieu les a gravés dans le ciel, cela vaut mieux.

Parmi les brancardiers, il en est un cependant qui mérite une mention spéciale, car il ne quitte la grotte pas plus l'hiver que l'été, qui baigne les hommes toute l'année dans la piscine, et qui s'acquitte de ce service depuis peut-être plus de dix ou quinze ans, c'est un saint prêtre espagnol du nom d'Espinos. Type du plus absolu dévouement envers son Dieu, son roi, son pays et son prochain, ancien aumônier de l'armée carliste, il conserve sous son habit de prêtre, le cœur et le caractère du soldat. Infatigable et dur à lui-même, il donne, dans les piscines, suffisamment de besogne à ses bras robustes, pour éreinter un bœuf. Décrire les beautés de cette âme et de cette belle nature, serait une œuvre aussi touchante qu'édifiante à faire, mais il est encore trop tôt pour la faire.

On peut en dire autant de bien des officiers et de quelques généraux français ou de nationalités étrangères qui se sont également enrôlés parmi les brancardiers.

De concert avec le P. Burosse, directeur de l'Hospitalité de Notre-Dame de Lourdes, M. de la Chevalerie, chef des brancardiers, a su, par son esprit profondément chrétien, son tact et son intelligence, fondre les différents brancardiers des pèlerinages provinciaux et de l'étranger avec ceux des deux Hospitalités en un tout homogène. Grâce à cette amélioration le service des malades et celui de l'ordre sont simplifiés et régularisés, de sorte qu'il n'existe plus aujourd'hui cet esprit étroit de clocher, et les séparations diocésaines ou nationales qui nuisaient autant au service qu'à l'édification du public.

Les brancardiers vont chercher les malades à la gare et les conduisent d'abord dans les hôpitaux et les ambulances, quand leur nombre est considérable. Selon la nature de leurs infirmités, les malades sont transportés sur des lits à roulettes, des brancards ou de petites voitures à bras ; ceux qui peuvent marcher sont soutenus ou conduits jusqu'à la grotte ou l'hospice qui doit les hospitaliser.

Tous ces pauvres infirmes sont ensuite transportés au parvis de la grotte pour y prier, puis aux piscines pour être baignés et reconduits à leur domicile pour y prendre leurs repas. Dans l'après-midi, les brancardiers vont encore les chercher pour les amener prier à la grotte, et les reconduisent finalement à leur domicile, après la bénédiction du saint Sacrement, qui se donne exprès pour eux, vers les quatre ou cinq heures du soir.

Ce service des brancardiers est très fatigant, car les hôpitaux sont relativement loin, et le chemin pénible. Ce service étant accessible à tous, et son organisation aussi maternelle qu'intelligente, les malades reçoivent, dès l'arrivée des trains jusqu'à leur départ, les soins les plus minutieux possible et les attentions les plus délicates.

Avec l'entrain de la jeunesse et la distinction du vieux sang ou de l'homme bien élevé, les brancardiers se voient partout où le service des malades et celui de l'ordre les réclament. Parfois ces messieurs, exténués de fatigue et de faim, dînent à neuf heures du soir, étant obligés, par leur service, à toute heure du jour et même de la nuit, d'aller chercher ou de reconduire à la gare les malades arrivant ou partant, et ne les quittant qu'après les avoir déposés dans leur lit, pour la nuit, ou dans leur train, pour le départ.

Ces messieurs veillent également les malades, jour et nuit, dans les hôpitaux, et donnent aux hommes les soins que les hospitalières donnent aux femmes. On en voit qui, par charité, par abnégation et par piété, ne quittent pas le chevet de leurs malades pendant tout le temps du pèlerinage, et sacrifient ainsi les joies et les consolations

VUE GÉNÉRALE DE LA RIVE GAUCHE DU GAVE

qu'ils éprouveraient s'ils assistaient aux services de la grotte et des piscines.

Pour connaître l'étendue de ce sacrifice, il faut se rappeler que ces messieurs et ces dames qui restent dans les hôpitaux, se privent des spectacles touchants et merveilleux des bords du Gave, pour se renfermer dans des salles bondées de malades, encombrées de visiteurs, de parents, d'amis, d'aides ou de curieux, nourrir les hospitalisés, les approprier, panser leur plaies, faire leurs lits, vider leurs vases, les encourager et les consoler.

Vraiment, quand on a vu tous ces braves cœurs à l'œuvre, c'est à se mettre à genoux, et leur demander leur bénédiction comme une faveur précieuse.

Un pays capable de produire de tels spectacles, ne saurait périr sous l'oppression d'un régime d'appétits insatiables, et de tous ces saltimbanques, sortis de la foire aux pains d'épices, qui nous gouvernent, en se grimant de leur mieux pour monter sur les tréteaux politiques avec lesquels on escalade le pouvoir. Non, Dieu finira par nous rendre la liberté de son culte, comme toutes celles que nos bons conservateurs se sont fait escamoter, pour avoir substitué la politique à la religion, à l'Eglise, à Dieu.

On a vu que les membres des deux hospitalités appartiennent, pour la plupart, à cette race d'hommes virils qui nous donna les zouaves pontificaux. Venant de tous les pays, ils se font un bonheur de devenir les serviteurs des pauvres infirmes de tous les pays.

Jeunes et vieux, doués des dons de la fortune, de la naissance du rang ou de la nature, ils donnent l'exemple de ce que devraient faire les hommes doués de ces privilèges. Là, peut-être plus que partout ailleurs, ils révèlent l'empire que l'homme exerce sur le cœur et l'esprit des petits et des grands, par la noblesse des sentiments, qui sait allier le courage de faire le bien et de remplir les devoirs imposés par le titre et la dignité de chrétien, comme par la position sociale.

Hélas ! loin d'imiter leur indépendance des préjugés du monde, leur crâne énergie dans la manifestation de leurs devoirs religieux, et leur divine compassion pour les deshérités d'ici-bas, quelle est aujourd'hui la vie de l'immense majorité des hommes du monde, nobles, riches ou parvenus ? Vie inutile, inoccupée et par conséquent coupable vis-à-vis de Dieu, méprisable et méprisée vis-à-vis de la société ; vie d'égoïstes, d'imbéciles, de sauteurs ou de myopes qui ne voient pas leur abaissement moral.

Conduire des cotillons, danser, chasser, manger, boire, passer du salon au cercle, du théâtre au bal, de l'écurie à la promenade, telle est la vie de nos mondains fin-de-siècle, jeunes et vieux. Quelle existence que cette vie nulle pour eux, nulle pour leur pays et leurs semblables! Aussi, quelles effroyables surprises et quelle épouvantable agonie au moment de la mort! Pauvres âmes!

CHAPITRE VIII

Photographie-esquisse du Pèlerinage national. — De Paris à Lourdes. — Les misères de Lourdes. — La chaire de la Grotte. Les prédicateurs. — Quelques types connus.

Indépendamment du côté doctrinal que présentent les pèlerinages en général, ceux de Lourdes ont une utilité pratique considérable, à bien des points de vue.

D'abord, il sont comme une sorte de longue procession d'infirmités humaines, morales et physiques, de faiblesses qui cherchent la force, et de douleurs qui demandent l'espérance. Que ne demande-t-on pas à Notre-Dame de Lourdes ?

Ensuite, ces pèlerinages habituent les catholiques à se compter, à se réunir et se préparer pour les bonnes œuvres quelles qu'elles soient. En outre, ils détruisent le respect humain et l'individualisme à courte vue, si funestes aux œuvres publiques, comme aux manifestations religieuses ou nationales. Ils empêchent également le naturalisme de diriger ou de dominer les actes de l'homme, et rendent à Dieu la part qu'il doit avoir dans les motifs qui nous font agir ou parler.

Enfin, ces pèlerinages rapprochent entre elles les différentes classes de la société, par l'épanouissement des sentiments communs qui les rassemblent, par l'exercice de la charité la plus admirable et par l'amour de Dieu, des âmes et de la patrie.

Le Pèlerinage national fait ressortir ces faits avec tant d'évidence et d'intérêt que nous allons en photographier une esquisse, sans en dissimuler les ombres attachées à son côté naturel, et qu'on pourrait appeler les parasites indispensables à toute œuvre humaine, si sublime qu'elle puisse être.

Il n'est pas possible de donner une juste idée du spectacle que présentent la grotte de Lourdes et ses environs à l'époque du Pèlerinage national. Les autres grands pèlerinages, séparés ou réunis, ont chacun leur caractère propre, ainsi qu'un cachet spécial étonnant, édifiant, touchant, imposant par le nombre, la piété, la tenue des pèlerins ; mais malgré les grandeurs chrétiennes qu'ils affirment au grand jour et qu'ils exposent avec simplicité, ces pèlerinages n'amènent pas avec eux cette multitude de malades, d'infirmes et de moribonds même, qui rendent le Pèlerinage national unique au monde dans son genre.

C'est le T. R. P. Picard, supérieur général des PP. de l'Assomption, qui le premier eut l'idée de réunir des quatre coins de la France, les malades pauvres généralement abandonnés des médecins, ou dont la guérison leur paraissait impossible, et de conduire cette infirmerie mobile, à travers notre cher pays, jusqu'à Lourdes.

Cette pensée que le ciel seul pouvait inspirer, tant elle était contraire aux sentiments de la prudence humaine la plus élémentaire, fut réalisée par le T. R. P. Picard, avec une intelligence supérieure, un zèle prodigieux, une ténacité qu'aucun obstacle n'a pu vaincre. Ce succès miraculeux montre une fois de plus que « la folie de la croix » triomphe toujours de tout et de tous, quand elle inspire ou domine un acte réputé même insensé par les sages et les prudents de notre pauvre siècle.

Pour faire la description de ce pèlerinage, souvent appelé le *Pèlerinage des malades*, les termes font défaut, car le dictionnaire n'est pas assez riche en expressions techniques pour peindre les choses du monde surnaturel qui se passent ici-bas, et, dans ce pèlerinage, les faits et les sentiments tiennent beaucoup plus de ce monde-là que du monde naturel.

En effet, en voyant ce qui se passe, pendant le Pèlerinage national, sur ce petit coin de notre globe, devant la grotte de Lourdes, on dirait que le bon Dieu vient d'enlever les barrières qui séparent le ciel de la terre, et que les frontières entre ces deux mondes n'existent plus. En entendant parler ces muets, en voyant ces boiteux qui marchent, ces aveugles qui voient, toutes ces plaies qui se sont fermées, tous ces malades guéris, tous ces bras tendus vers le ciel, toutes ces lèvres murmurant de ferventes prières, on sent que la vertu du Très-Haut passe à travers les foules, et l'on ne peut, à moins d'être idiot ou sans cœur, faire autre chose que prier, pleurer ou se taire.

Avant de l'avoir vu, j'avais des préjugés contre ce pèlerinage, ou pour mieux dire contre l'esprit de son personnel dirigeant, mais non pas un parti pris de critiquer, car il faut être intolérant ou de mauvaise foi pour vouloir blâmer ce qu'on ne connaît pas, et trouver mauvais d'avance ce qu'on doit voir ensuite. Mes préjugés me disposaient à juger avec plus de sévérité que de bienveillance les scènes présentées par l'amoncellement, auprès de la grotte, de cette foule que je croyais devoir être houleuse et bruyante.

De prime abord, je fus plutôt surpris qu'édifié par le tableau que j'avais devant moi, mais la vue de tous ces malades couchés dans des lits à roulettes, ou bien étendus sur des brancards à terre, assis dans de petites voitures à bras ou sur les bancs du parvis, priant, attendant leur guérison, voyant passer plutôt avec joie que jalousie les guéris qui venaient des piscines à la grotte remercier la sainte Vierge, tout cela modifia bien vite mes sentiments.

Autour et près d'eux, des milliers d'hommes et de femmes de toutes les classes de la société, depuis le paysan jusqu'au duc et à la duchesse, parfois de sang royal, à genoux dans la poussière ou la boue, la plupart du temps les bras en croix, priant avec ferveur, souvent avec des larmes dans les yeux, pour eux, leurs familles, leurs amis et les malades, chantant le *Parce Domine*, « pardonnez Seigneur », ou le *Monstra te esse Matrem*, « montrez que vous êtes notre Mère ». La vue de pareilles scènes et d'un tel tableau renverse vite, en effet, préjugés et scepticisme.

Le pèlerinage national est surtout un pèlerinage de malades pauvres amenés, chaque année, gratuitement à Lourdes par l'association de Notre-Dame du Salut. Le nombre de ces malades est habituellement d'un millier d'hospitalisés, parfois davantage, et que la science médicale n'a pu soulager. Plusieurs même jugés au départ incapables de supporter les fatigues du voyage, reçoivent les derniers sacrements à la gare ou dans le train.

Aux yeux des hommes, c'est une grande imprudence d'accepter les moribonds ; aux yeux des chrétiens poltrons et dont la foi laisse beaucoup à désirer, c'est tenter la Providence ; mais les faits ont prouvé que ce n'était ni l'un ni l'autre. Les décès en chemin de fer ou dans les villes où les trains s'arrêtent, sont de rares exceptions, ils ne se chiffrent que par une ou deux unités, et souvent plusieurs années se passent sans aucun décès.

Ce pèlerinage se compose d'une dizaine de trains

complets, sans compter ceux qui viennent du midi. L'embarquement à Paris de tous ces malades est un spectacle à la fois attendrissant et frappant au delà de toute expression. Beaucoup sont couchés à terre sur des matelas, d'autres se soutiennent sur des béquilles, les moins éclopés sont conduits par leurs parents ou leurs amis, tous attendent dans le silence et la prière, leur tour de monter ou d'être portés dans les wagons qui leur sont destinés.

Prières, larmes, espérance ou crainte vague se voient sur toute cette multitude. Les malades pâlis par la souffrance, et ceux dont les sentiments religieux sont les plus profonds, ont pour la plupart le visage calme, et dans les yeux des éclairs de foi, d'espérance ou de résignation qui ne laissent pas de toucher le cœur, même des curieux les plus indifférents. Des groupes de parents, d'amis ou d'étrangers récitent autour d'eux le chapelet sans le moindre respect humain.

De Paris à Lourdes, la route se fait avec un certain entrain et beaucoup de piété. Les prières en commun du matin, du soir et de la journée sont réglées, ainsi que les chants et les heures de conversation ou de sommeil. Un *guetteur*, placé dans un coin de chaque compartiment, signale les églises devant lesquelles on va passer, et de suite le Dieu des tabernacles est salué par le chant de l'*Adoremus*, de l'*O Salutaris*, ou de toute autre prière liturgique concernant l'adoration de Jésus-Hostie.

De charmantes causeries, gaies, cordiales, alternent avec les prières et font oublier la longueur et les fatigues du voyage. Parfois, des guérisons se font en route, et quand le bon Dieu n'en fait pas, on peut toujours compter sur quelques sérieuses améliorations, soit à l'aller, soit au retour.

Une chose tout à fait inconnue des pèlerins, pendant le voyage, c'est l'ennui, la monotonie, la lassitude morale, que pourraient supposer les incroyants, à propos de ce règlement, et du caractère plus ou moins religieux des voyageurs. On sait qu'à l'arrivée des trains à la gare de Lourdes, les malades sont enlevés en un instant par les brancardiers, puis hospitalisés et conduits des hôpitaux à la grotte, pour assister aux exercices religieux qui s'y font toute la journée.

Avant de continuer la photographie des pèlerinages et des admirables scènes qui se passent à la grotte, nous devons, moins par esprit d'impartialité, que pour mieux faire ressortir la bonté paternelle de Dieu qui ne laisse pas de bénir ses enfants, malgré leurs imperfections et leurs misères, parler encore du côté naturel, c'est-à-dire des ombres qui nécessairement accompagnent, à Lourdes comme ailleurs, ces magnifiques manifestations religieuses à la fin de ce siècle étrange par ses contrastes.

Des multitudes d'étrangers viennent de toutes les parties du monde à Lourdes, encore plus à l'époque des grands pèlerinages que dans le courant de l'année, dans l'espérance de voir quelques-unes des guérisons instantanées qui s'opèrent aux piscines, pendant les prières. Toutes ces foules apportent considérablement de l'argent aux hôtels, aux logeurs, aux marchands, et même à la ville par les approvisionnements de toutes sortes qu'on est obligé de faire venir de tous les côtés, et qui payent des droits d'entrée.

Tous ces étrangers se plaignent de voir que la municipalité ne fait pas de grandes améliorations pour la beauté, la propreté de la ville et la commodité des pèlerins ou voyageurs, dont le nombre se monte, en moyenne, à près d'un million par an. En effet, comme dans les rues et les chemins, les voies dallées ou bitumées font défaut, toutes les fois qu'il pleut, on patauge dans la boue, d'une manière atroce, quand on veut se rendre de la ville à la grotte.

Un autre inconvénient pour les pèlerins, ce sont les marchandes de cierges, groupées un peu partout, qui crient, se disputent et poursuivent avec un acharnement bruyant et féroce les étrangers pour leur vendre des cierges ou des bouquets. Pour éviter ces ennuis à leurs voyageurs, les hôteliers se munissent de cierges pour les leur vendre, mais cette mesure est encore loin d'être générale.

Outre ces femmes, les voleurs et les voleuses pullulent dès l'arrivée du pèlerinage national, et ne cessent qu'à la fin de septembre, c'est-à-dire avec les grands pèlerinages, l'exploitation des poches. Ces industriels prennent parfois des billets pour faire partie d'un pèlerinage, étudier en route les figures, se familiariser avec le personnel et préparer le terrain ; d'autres prennent des vêtements d'ecclésiastiques ou des habits de religieux ou de religieuses, pour éloigner les soupçons ; on en a vu même ne pas reculer devant le sacrilège et voler à la table de communion.

Comme ombre au merveilleux tableau que présentent les grands pèlerinages, et même le *pèlerinage national*, on voit encore quelques individualités désagréables, hommes ou femmes, qui s'imposent à la patience publique quand ils en trouvent le joint.

Ici, ce sont des prêtres besogneux ou par trop complaisants qui profitent de toutes les circonstances possibles pour indulgencier ou bénir les objets de piété, ramasser un peu d'argent pour des œuvres locales ou personnelles, et faire prier à haute voix à la grotte.

Là, ce sont les indépendants qui ne veulent d'aucune règle, d'aucune discipline, et ne se soumettent qu'à leur propre volonté.

Plus loin, ce sont les mal élevés qui gardent, au parvis, leur chapeau sur la tête, même en face de l'autel, parlent fort comme s'ils étaient à la foire et font souffrir ceux à qui le respect de Dieu, la bonne éducation et le besoin de la prière imposent la bonne tenue, le recueillement et le silence.

Les directeurs des grands pèlerinages ne peuvent guère éviter ces misères, qu'ils ne connaissent pas toujours, car ils ne peuvent pas faire d'enquête sur le caractère et l'honorabilité de ceux qui leur demandent des billets. Néanmoins, comme l'édification commune souffre de tous ces incidents secondaires, des évêques et des directeurs de pèlerinage diocésains commencent à se détacher des trop grandes agglomérations, afin de pouvoir mieux se recueillir, et d'éviter les inconvénients inhérents aux rassemblements des foules.

De son côté, le *pèlerinage national* est mieux discipliné qu'à ses débuts et le public en est plus édifié. Ses directeurs ne permettent plus en chaire ces saillies famillières qui plaisaient tant à leurs amis, mais qui n'étaient pas toujours du goût de tout le monde.

Je me rappelle, à ce sujet, une sortie que fit un soir, en 1887, un prédicateur populaire de ce pèlerinage, sur le bureau des constatations. C'était aussi drôle que spirituel, quoique d'un goût douteux, et bien des pèlerins de Paris en rirent de bon cœur, mais les médecins, ainsi que beaucoup de pèlerins qui n'étaient pas de Paris, la trouvèrent déplacée dans le fond comme dans la forme. Ce fut, je crois, la dernière.

A propos de ces jovialités, naturelles d'ailleurs,

vu le moment et les circonstances qui les inspirent, la chaire des bords du Gave retentit parfois de paroles assez pittoresques, et qui ne laissent pas d'étonner ceux qui les entendent. Le bon abbé de ***, prêtre d'une grande piété, dont M. Lasserre raconte dans un de ses ouvrages la guérison à Lourdes, nous en a donné des échantillons des plus réussis.

Ce bon abbé professait une sorte de culte pour l'écrivain auquel il devait sa notoriété. Ce culte de reconnaissance et de bonne amitié se traduisait, à Lourdes, par des réclames naïves, faites en chaire, en faveur des livres de M. Lasserre. On en plaisantait un peu, car ces deux braves cœurs avaient l'air de se dire :

« Passe-moi la rhubarbe, je te passerai le séné. »

Mais on savait que ce bon prêtre avait été si longtemps malade, que ses études ecclésiastiques durent en souffrir ; aussi, lui pardonnait-on facilement ses élans de charité fraternelle.

Un jour, cependant, on trouva qu'il allait trop loin, car en prêchant au baptême de M. le baron de B., Russe converti, l'abbé de *** se permit cette malheureuse phrase : « La conversion du baron de B. vient de la lecture d'un livre dont l'auteur est ici — M. Lasserre — ; ce livre a été évidemment inspiré par l'Esprit-Saint. »

Mettre le livre de M. Lasserre sur le même pied que l'Ecriture sainte, c'était une de ces monstruosités qu'aucune affection personnelle et qu'aucune ignorance de la théologie ne pouvaient excuser, et qui scandalisa d'autant plus, même les laïques de l'auditoire, que tous savaient que Mgr Lawrence n'avait jamais voulu l'approuver.

On peut être un écrivain habile, bon et même très religieux, sans être inspiré le moins du monde par l'Esprit-Saint. L'Eglise en a donné la preuve une fois de plus en condamnant comme entachés d'erreurs les évangiles publiés par M. Lasserre. D'une œuvre doctrinale et divine, en faire une œuvre littéraire, c'était pousser trop loin l'amour de la littérature.

Le bon abbé de *** fit encore à la basilique, ainsi qu'à la grotte, une réclame en faveur des livres de son ami, puis une réclame électorale en faveur de son candidat du département à la députation, et finalement un appel pour l'achat du fameux crucifix de Charles-Quint, que son possesseur, M. Marziou, voulait vendre.

A la suite de cet étrange sermon, heureusement interrompu par le bruit des cloches, un pèlerin, debout derrière moi, s'écria :

— Ce n'est pas un prédicateur, ce curé-là, c'est un homme-affiche ! Pourquoi le laisse-t-on monter en chaire ?

Quelquefois, cette chaire de la grotte entendait annoncer, non pas la parole de Dieu, mais des choses incroyables par de bons curés des petits pèlerinages, qui ne s'attendaient pas eux-mêmes à faire les annonces qu'on les priait de faire, ou qui les faisaient en toute simplicité, les trouvant très naturelles. Elles étaient, en effet, des moins surnaturelles dans leur objet, et vraiment par trop naturelles. On en pourra juger par ces quelques exemples :

Au fond de la grotte, à droite, se trouve une petite excavation naturelle, dans laquelle les pèlerins mettent, sous forme de suppliques, leurs demandes à la sainte Vierge, leurs désirs, leurs promesses, en un mot, tout ce qu'on met dans une lettre adressée à la plus aimée des mères. Les pèlerins placent ces lettres dans cette excavation qu'on pourrait appeler *la boîte aux lettres de la Vierge de la Grotte*. Ceux qui ne peuvent venir à Lourdes les envoient de manière ou d'autre pour les y faire placer. Je crois que ces lettres sont ramassées une ou deux fois chaque année, puis brûlées.

Les pèlerins qui ne connaissent pas ces détails, et ceux qui préfèrent recommander aux prières des fidèles leurs demandes, les écrivent ou les crayonnent sur un morceau de papier, et les remettent aux prêtres du pèlerinage pour être lues en chaire ; c'est ce qu'on appelle les *recommandations*. Souvent ces demandes ne sont remises qu'au moment où l'on va prier pour les besoins généraux et particuliers des pèlerins, de sorte que le prêtre les lit publiquement, sans avoir le temps d'en prendre connaissance.

C'est ainsi qu'une fois nous entendîmes un bon curé dire en chaire : « Nous allons prier pour — puis lisant — une personne dans la gêne, qui demande de la fortune pour pouvoir faire du bien. »

Au lieu de prier, tous les assistants se mirent à rire, mais ce rire devint encore plus bruyant quand il nous lut une nouvelle recommandation de prières pour « une mère qui demande un bon petit mari pour sa fille ».

Une troisième recommandation souleva les murmures de tous les pèlerins assemblés à la grotte. C'était pour « une jeune mère qui, ne pouvant nourrir elle-même son enfant, demande une nourrice ayant de bon lait. »

Après cette recommandation, je priai ce bon curé de ne plus lire les autres petits papiers qui lui restaient dans les mains, et de faire simplement prier pour toutes les intentions particulières. Ces sortes de naïveté témoignent d'une confiance vraiment filiale dans la bonté maternelle de la sainte Vierge, mais les directeurs de pèlerinages devraient imiter les Pères de la grotte, qui se contentent de généraliser en bloc toutes ces demandes, car, on l'a vu, beaucoup d'entre elles sont pour le public plus drolatiques qu'édifiantes.

En général, les prédicateurs des pèlerinages recherchent trop l'éloquence sacrée dans leurs sermons, et pas assez le côté pratique de la vie franchement chrétienne. A Lourdes, ils sont dans une situation exceptionnelle pour faire énormément de bien à toutes les classes de la société, mais ils ne savent pas en profiter.

Former un parti catholique dans chaque commune, grande ou petite, pour soutenir les différents intérêts particuliers et généraux de notre chère et malheureuse patrie, comme le fait M. l'abbé Garnier dans les grands centres de la France; recommander de ne rien acheter chez les marchands dont les magasins sont ouverts le dimanche, de ne lire que les livres et les journaux honnêtes et chrétiens; prêcher contre les excès du luxe, de la toilette, des plaisirs et de l'égoïsme sous toutes les formes; en un mot, organiser un peuple pratiquement chrétien, dans sa vie publique comme dans sa vie privée, voilà ce qu'on pourrait faire dans une très grande mesure, et ce qu'on ne fait pas.

A l'époque des pèlerinages, les *types* et les *fétiches* se font remarquer bien plus que dans le courant de l'année, par leur activité fébrile. D'ailleurs, plusieurs des plus remarquables ne viennent qu'à l'approche des grands pèlerinages. Quelques-uns pourraient fournir des sujets d'études psychologiques d'un certain intérêt.

Parmi ces derniers, il en est un qui réside à Lourdes et remplit les fonctions de sergent de ville, à la grotte. C'est un fort brave homme, à la mine farouche, l'effroi des pauvres vieilles femmes, et qui ne rit jamais. Il a l'air de faire beaucoup plus de bruit que de besogne, si ce n'est d'exciter davantage l'esprit des pauvres gens contre les missionnaires, par ses maladresses et son manque absolu de formes. On peut dire de lui qu'il ressemble, la plupart du temps, à l'arc-en-ciel, en ce sens que tous les deux paraissent toujours après l'orage. On pourrait écrire un assez joli volume sur ses faits et gestes.

Un autre type beaucoup plus intéressant, qui date de la première installation des Pères missionnaires à Lourdes, et que la mort a frappé récemment, c'est le frère Henry. Le bon frère vendait, au profit du sanctuaire, des cierges et des objets de piété. Malheureusement, sa boutique installée pour l'utilité des pèlerins, était trop près de la grotte, de sorte que les acheteurs, par les éclats de leur voix, y faisaient un tapage qui rendait la prière à peu près impossible.

Ce bon frère était d'une grande piété, mais mal éclairée, ce qui lui faisait dire et faire parfois des choses assez étranges pour un homme de sa classe. Un jour, il me demanda « si les martyrs étaient des saints. » Ma réponse affirmative parut lui faire plaisir.

S'il n'était pas instruit, il ne laissait pas d'avoir des saillies assez spirituelles. Il me souvient qu'une fois trois de nos farouches députés des plus en relief à la Chambre, regardaient l'énorme quantité de béquilles suspendues contre les rochers de la grotte.

— « C'est de la réclame », dit l'un.

— « C'est pour faire de l'argent », dit l'autre.

« Eh bien, pourquoi n'en faites-vous pas autant? » leur demanda le frère Henry qui les avait entendus.

Deux passions dominaient toutes les autres, chez ce brave frère : réciter des chapelets et vendre des cierges. Des chapelets, il en disait toute la journée, faute de savoir lire; quant à la vente des cierges, il ne reculait devant aucun honnête moyen pour en vendre le plus possible.

En achetant de gros cierges à son magasin, ou bien en en achetant beaucoup de petits, le frère Henry vous accordait des privilèges et des faveurs qui n'étaient pas à dédaigner, tels que fragments du rocher, feuilles des plantes de la grotte, bonnes places et prie-Dieu, etc. Cette passion du cierge, lui faisait éloigner astucieusement autant qu'il le pouvait, de sa boutique, les bancs destinés aux malades, au point de gêner ceux qui se trouvaient dans l'enceinte qui leur était réservée, ainsi que le service des brancardiers.

Avec celle du cierge, il avait aussi celle de la vente des statues, des images, des photographies et des bidons pour l'eau miraculeuse, mais d'une manière moins développée. Quant aux livres, il ne les aimait pas, et n'offrait presque jamais ceux qu'il avait en dépôt, ni même les *Annales de Lourdes* et le *Journal* rédigés par les Pères.

A ce genre de passion il joignait la manie de laver périodiquement la statue de la Vierge de Fabish, d'en peindre quelques parties et de mettre des couleurs sur de petites grottes en fonte. Ce genre de peinture était pour lui plus qu'une distraction, c'était son bonheur, son orgueil, sa gloire. Un jour la comtesse de Vilain XIV, peintre distingué, le pria d'aller faire brûler à la grotte des cierges qu'elle venait d'acheter.

— Attendez un peu, que je finisse ma couleur, répondit frère Henry, qui mettait alors du jaune sur sa fonte pour imiter des feuilles de lierre.

— Allez, reprit l'aimable artiste en souriant, je le ferai pour vous.

— Oh ! non, répliqua vivement notre paysagiste amateur, vous me l'abîmeriez, ma grotte !

En disant cela, le bon frère ne croyait pas dire un mot sublime de vanité naïve ; il était simplement convaincu que la comtesse abîmerait la peinture de sa grotte. Il aimait *sa grotte* avec passion ; il y passait toutes ses journées, sauf les heures des repas ; il n'était heureux qu'auprès d'elle ; pour lui, le reste de l'univers n'existait pas, et son suprême bonheur eût été de mourir, le chapelet à la main dans sa chère grotte.

Un autre type, et celui-là le plus admirable que je connaisse, c'est *la fille à l'écuelle.* C'est une vieille fille qui n'a pas de jambes, ou, pour être plus exact, n'en a que les os. Ne pouvant pas marcher, elle s'asseoit dans une grande écuelle de bois, replie ses os ou ses jambes sous elle, et manœuvre son écuelle de manière à la faire avancer ou reculer, et même monter et descendre les escaliers.

La pauvre fille demeure à Lourdes, elle vit de son travail à l'aiguille, qu'on ne lui paie pas toujours, quelquefois de dons qu'on lui fait, car elle ne demande jamais rien. Toujours gaie, bonne, souriante, elle est toujours prête à rendre, à qui que ce soit, les petits services qu'on lui demande. Au moins deux fois par jour elle vient au sanctuaire dans une petite voiture qu'elle fait rouler elle-même.

Habituellement hommes, femmes, enfants, qui la voient monter le chemin qui conduit à la basilique, se font un plaisir de pousser sa petite voiture jusqu'aux escaliers de l'église. Il est rare que deux ou quatre bras vigoureux ne se rencontrent pas là pour l'enlever dans son écuelle, et la porter au sommet de l'escalier, car cette pauvre fille est estimée, admirée, aimée de tout le monde.

Tous les matins elle roule son écuelle vers la table de communion de la crypte, assiste aux deux premières messes, communie, puis descend, avec son écuelle et sa voiture, à la grotte, y prier longtemps. A deux heures du soir elle remonte au sanctuaire et redescend à la grotte, la vie de cette pauvre fille n'étant qu'une vie de prière, de travail et de privations. Quelle belle âme !

On pourrait encore peindre bien d'autres types, plus ou moins curieux, connus de tous ceux qui vivent à Lourdes, ou simplement y séjournent un peu de temps, mais ce serait d'un intérêt médiocre. D'autres personnages, sans être des types, furent, pendant quelques années, très recherchés des lecteurs de M. Lasserre. Le bon curé qui faisait pour son ami de la réclame en chaire, en est un ; on sait qu'il fut guéri tandis que M. l'abbé X. disait la messe dans la crypte.

La vogue de M. l'abbé X., dans le monde des dévotes, devint considérable, et probablement il n'y mit aucun obstacle, car il monopolisait la messe de huit heures à la crypte, le 15 août de chaque année. Les Pères de Lourdes favorisèrent aussi cette vogue, en ne faisant aucun obstacle à ce monopole, malgré les inconvénients qu'il présentait à ce moment où tant de hauts dignitaires de l'Eglise vont à ce sanctuaire.

Les dévotes de la capitale et de la province considéraient le bon abbé comme un thaumaturge ; elles faisaient fermer au public les portes de la crypte pendant cette messe du 15 août ; elles y conviaient leurs malades de prédilection, et ne laissaient entrer dans la chapelle que les personnes munies d'une carte personnelle.

— Si vous voulez être guéris, disaient ces bonnes dames aux malades, il faut communier à la messe de M. l'abbé X. ou de M. de ***.

Ces enthousiasmes puérils et féminins pouvaient être légitimes, mais ils avaient le tort d'effacer un peu trop le bon Dieu dans l'esprit de bien des gens, pour y substituer ces deux personnalités, simples instruments de sa bonté divine. Aussi, les guérisons ne s'obtenaient pas plus à ces deux messes qu'aux autres, quoique le 15 août ne se passe presque jamais sans que des guérisons aient lieu soit au sanctuaire, soit à la grotte, soit aux piscines.

Ces petites misères, inhérentes à la nature humaine, n'entravaient en aucune manière les miséricordes et les faveurs de Dieu sur ce terrain choisi par Marie pour guérir les âmes et les corps. Notre amour du merveilleux et du surnaturel nous pousse souvent à critiquer, dans le domaine religieux, les imperfections de caractère, d'esprit ou de sentiment les plus naturelles, et nous admettons difficilement le naturel sur ce terrain-là.

Dieu semble voir ces choses autrement que nous. De même qu'un père de famille ne laisse pas d'aimer ses enfants, en bas âge ou malades, de compatir à leurs misères, de subvenir à leurs besoins, de condescendre à la manière d'être de leur condition respective, de même Dieu laisse agir sa bonté paternelle à notre égard et nous prodigue ses bienfaits, sans s'arrêter aux misères de notre nature déchue. Il considère plutôt nos intentions que nos faits et gestes, nos motifs et la volonté qui nous font agir et parler, plutôt que les haillons qui recouvrent ces motifs et cette volonté, de sorte que notre indigence morale et physique n'arrête pas les effets de sa bienveillance pour ses enfants. Notre pauvre humanité met toujours son empreinte naturelle sur les œuvres de Dieu, mais cette empreinte sert toujours à donner plus d'éclat à sa divine tendresse, comme à la splendeur de ses œuvres merveilleuses et surnaturelles.

CHAPITRE IX

Le T. R. P. Picard et les assomptionistes. — Le *Magnificat* à la grotte. — Les faux guéris. — Les miracles eucharistiques. — Les prières aux piscines.

A Lourdes, dans ce concert religieux de pèlerinages qui durent plusieurs mois, mais principalement et presque sans interruption pendant les mois d'août et de septembre, où l'on voit des prêtres de tous les pays, des prélats de toutes les nationalités, animés d'un même cœur et d'un même esprit, venir prier et faire prier les milliers de pèlerins qui se rendent à ce sanctuaire, le T. R. P. Picard et ses assomptionistes sont ceux qui donnent certainement le plus d'entrain à leurs pèlerinages.

Quelques esprits chagrins ou mécontents y trouvent même un peu trop d'entrain, mais comme cette note est toujours inspirée par la foi dirigée par la piété la plus fervente, et dominée par la charité la plus parfaite, il ne faut pas êrre au courant des choses spirituelles pour ne pas l'approuver des deux mains.

Quand on étudie sérieusement les voies de la

Providence, on s'aperçoit vite que le bon Dieu se sert de toutes sortes d'instruments pour faire le bien. Chaque homme a son caractère qui diffère de celui de son prochain, et tous sont appelés à donner leur note individuelle dans ce grand concert de louanges que la créature doit à son Créateur. Si tous ces instruments n'avaient que le même son, ce serait un récitatif bien monotone, et si tous étaient moulés dans le même moule, le bien ne se ferait guère, ou du moins ne se ferait pas sur une aussi vaste échelle qu'il se fait de nos jours. A la guerre, il faut de tout pour remporter une victoire, même des tambours pour exciter les soldats à se battre.

Le T. R. P. Picard a su donner un élan indescriptible au Pèlerinage national, qu'il a créé, comme ceux de la Terre-Sainte, grâce à son énergie indomptable, à sa foi qui transporterait des montagnes, et à sa piété qui, jamais distraite par la multitude de ses œuvres publiques de bienfaisance, de pénitence, de propagande catholique et de presse, les inspire toutes.

Vrai général des zouaves de l'armée du Christ, le T. R. P. Picard a, pour son Dieu, des audaces étonnantes; étonnantes surtout pour les conscrits et les poltrons qui n'osent pas s'affirmer chrétiens en public, et sortir la croix de leur poche ou de leur chambre à coucher. Dieu bénit toutes ces audaces, car elles sont nécessaires aujourd'hui plus que jamais ; la foi les réclame, le bien public les demande et le salut des âmes l'exige.

Les instructions et les recommandations faites à la grotte par les Pères assomptionistes sont habituellement empreintes d'un grand sens pratique et de beaucoup de cœur. Quant à leurs novices ou scolastiques, échelonnés sur l'escalier de la chaire, à la grotte, pour diriger la récitation du chapelet, ils sont trop faciles à faire chanter des *Magnificat* — sans l'autorisation du Père missionnaire de service à la grotte — pour les guérisons vraies ou fausses.

Ces bons jeunes gens ont, avec leur généreuse et fervente piété, toute l'inexpérience et la naïveté de leur âge. Ils s'imaginent que tout malade amené des piscines par deux brancardiers ou des infirmières sont des *miraculés ;* de sorte que, sans attendre l'avis du Père missionnaire de service, et sans information préalable, ils entonnent et font chanter le *Magnificat* en actions de grâces.

En 1888, me trouvant de service à la grotte, pendant le pèlerinage national, je vis ces braves novices entonner ainsi, malgré mon opposition, le *Magnificat* pour la guérison d'une femme qui, pour la troisième fois, venait se proclamer miraculée. Je fis cesser cette comédie, en lui demandant à haute voix combien cela lui rapportait de jouer ce rôle ?

Une autre fois, ils l'entonnèrent également pour une malade qui, se croyant guérie en sortant de la piscine, venait, appuyée sur deux hospitalières, apporter sa béquille à la grotte.

Loin de laisser sa béquille ici, dis-je à son entourage, vous feriez mieux de lui en donner une autre, car elle en a plutôt besoin de deux que d'une seule.

Hélas ! la béquille déposée fut reprise quelques heures après.

De même que de faux pèlerins se lamentent publiquement de ce qu'on leur a volé leur porte-monnaie, qu'ils n'avaient pas, afin de se faire donner de l'argent par les témoins de leurs lamentations, de même aussi de faux malades se proclament guéris, pour s'attirer des sympathies financières de ceux qui les assistent ou de ceux qui les voient, On a vu de faux malades, arriver avec des certificats de médecins libres-penseurs ou franc-maçons, et payés par eux pour se proclamer guéris miraculeusement à Lourdes.

On a donc tort de reprocher aux Pères missionnaires leur réserve, leur prudence et l'intervention de médecins chrétiens pour la constatation des guérisons. C'est ignorer les lois de l'Eglise, faire tort aux vraies guérisons, et s'attirer la critique des uns et la dérision des autres, de proclamer miraculeuse une guérison qui n'est souvent qu'une réaction nerveuse passagère, quand elle n'est pas une spéculation financière, une comédie intéressée ou payée d'avance.

D'ailleurs, parmi les nombreuses guérisons réelles qui s'opèrent annuellement à Lourdes, quelques-unes seulement sont de vrais *miracles,* les autres sont simplement des *grâces,* ou bien des *améliorations.* Ces améliorations sont souvent des guérisons commencées qui s'achèvent ensuite, après un laps de temps plus ou moins court ou plus ou moins long; mais le *Magnificat* ne doit se chanter habituellement que pour les miracles.

Ce fut en 1888, pendant le pèlerinage national, que les miracles eucharistiques furent inaugurés d'une manière tout à fait inattendue. Bien des guérisons avaient eu lieu depuis trente ans, c'est-à-dire depuis les apparitions, au pied des autels du sanctuaire et de la grotte, après la communion des malades, mais ces guérisons isolées avaient un caractère intime, personnel, presque caché, tandis qu'en 1888 elles se firent publiquement, et pour ainsi dire en masse, au passage du très saint Sacrement qu'on transportait de la grotte à la basilique.

Comme le bon Dieu ne fait rien sans raison, on s'est demandé qu'elle était la raison de cette nouvelle manifestation de sa tendresse pour nous. Certaines personnes se sont imaginées que de même que N. S. Jésus est resté caché pendant trente ans dans son foyer domestique, et ne s'est manifesté que pendant les trois dernières années de sa vie mortelle, avant de remonter au ciel dans le sein de son Père, de même à Lourdes, Jésus est resté caché pendant trente ans, laissant sa Mère opérer les guérisons qui s'y produisaient, et que pendant trois ans il se manifesterait lui-même par les guérisons eucharistiques, avant de rentrer dans son mystérieux silence du tabernacle.

Cette manière d'envisager les faits surnaturels de Lourdes me semble un peu puérile, et manque d'exactitude, les miracles eucharistiques s'étant renouvelés chaque année, depuis 1888.

Par l'ensemble de la marche du monde naturel et du monde surnaturel, nous voyons que parallèlement à la démoralisation, ainsi qu'à la dégradation progressive des sociétés modernes, l'Eglise, d'une part, développe et multiplie ses ressources pour remédier à ce mal, et que d'autre part, Marie, en sa qualité de Mère commune du genre humain, intervient directement, visiblement au secours de l'humanité pour arrêter le courant qui précipite les hommes vers leur perte.

Rendre à Dieu des multitudes d'âmes qui l'ont oublié, tel est le rôle que l'Eglise et Marie ont toujours eu. De nos jours, ce rôle est peut-être plus actif que jamais, parce que jamais l'impiété, l'indifférence religieuse ou le naturalisme n'ont été si puissants et si répandus. A son tour, Jésus sort de sa retraite pour affirmer l'intervention de sa Mère, la seconder dans cette œuvre d'amour, et non pour la remplacer ou mettre fin à sa mission de miséricorde et de tendresse.

Il est vrai qu'après nous avoir donné Jésus, Marie s'est effacée devant son fils, mais elle ne s'est point retirée de la vie active et n'a jamais cessé de travailler à l'accroissement de l'Eglise, comme au salut du genre humain. Le salut ne venant que par Jésus-Christ, il n'est pas étonnant que Marie, l'Eglise et toutes les âmes douées d'une grande charité pour les hommes cherchent à développer le culte eucharistique, comme il l'était parmi les premiers chrétiens, auxquels ce culte donnait la force surnaturelle de dominer les passions, le monde, l'esprit du mal et de subir le martyre.

De même que les apparitions de Lourdes étaient une sanction du dogme de l'immaculée-conception, de même les nouveaux miracles eucharistiques sont une sanction de la nécessité du culte eucharistique comme le remède social de nos plaies hideuses, et non pas le terme prochain des miracles de Lourdes et de leur mission religieuse.

Les guérisons sérieuses se firent attendre en 1888, pendant la première journée du *Pèlerinage national*. Un Père de l'Assomption en attribua publiquement la cause aux curieux, aux touristes, aux indifférents que Dieu ne voulait pas rendre témoins de ses faveurs à moins qu'ils ne prient et ne se convertissent.

Un médecin voltairien, et trois femmes qui ne s'étaient pas approchés des sacrements depuis un siècle, entre eux quatre, se crurent spécialement visés par cette accusation ; ils en furent touchés et se confessèrent le lendemain. Le même soir, un vent effroyable empêcha la procession aux flambeaux et dispersa les pèlerins.

Le second jour, une pensée du ciel germa dans l'esprit du Directeur des *Prêtres adorateurs du Saint-Sacrement*. Ce fut de renouveler au passage de Jésus-Hostie, lorsqu'on le reconduirait en procession de la grotte à la Basilique, les acclamations consignées dans les saints Evangiles. Elles furent de suite crayonnées, envoyées à l'imprimerie et distribuées assez à temps pour être sur les lèvres de tous les pèlerins, au moment du passage du Très Saint Sacrement. Les voici telles qu'elles furent imprimées :

Seigneur, si vous voulez, vous pouvez me guérir !

Seigneur, je ne suis pas digne que vous entriez dans ma maison (que vous vous occupiez de moi), mais dites seulement une parole et mon enfant sera guéri (*ou bien :* et je serai guéri) !

Seigneur, sauvez-nous, nous périssons !

Ayez pitié de nous, fils de David !

Seigneur, sauvez-moi !

Seigneur, aidez-moi !

Seigneur, ma fille est à l'extrémité, venez, imposez-lui les mains, qu'elle soit sauvée et qu'elle vive !

Jésus, fils de David, ayez pitié de nous !

Seigneur, faites que je voie !

Maître, nous périssons !

Seigneur, voici celui que vous aimez, qui est malade !

Jésus, notre maître, ayez pitié de nous !

Hosanna au fils de David ! Béni soit celui qui vient au nom du Seigneur !

Aussitôt que la procession habituelle pour le transport du Très Saint Sacrement se mit en mouvement, les malades, leurs hospitaliers, les hospitalières et la plupart des pèlerins qui priaient avec eux et pour eux poussèrent ces exclamations d'une voix touchante, entrecoupée par des sanglots, et qui réclamait le miracle avec une telle ardeur, une foi si vive qu'à l'instant même huit malades furent guéris.

Je venais de parler et d'encourager deux de ces malades, cinq minutes avant leur guérison. Tous deux, et plusieurs autres, quittèrent aussitôt leurs lits sur lesquels ils étaient étendus, ou les voitures à bras dans lesquelles on les roulait, et suivirent la procession en pleurant de joie, de reconnaissance et remerciant le bon Dieu d'avoir exaucé leurs prières.

Les scènes indescriptibles de pieux enthousiasme, d'amour et de gratitude qui suivirent ces guérisons, scènes pendant lesquelles tous les témoins pleuraient tout en priant, tout en poussant les acclamations évangéliques, ou chantant les hymnes sacrées, prescrites par l'Eglise, reproduisaient à dix-huit siècles de distance les élans sublimes du peuple de

Dieu sur les pas de Jésus-Christ instruisant les foules et guérissant les malades. De tous les grabats, de toutes les petites voitures et de tous les bancs où gisait la souffrance, des voix suppliantes, déchirantes d'angoisse et d'espérance, s'élevaient pour demander au Fils de Dieu la guérison de leurs maladies.

Les guérisons instantanées et publiques qui se produisirent alors, firent sur la foule l'effet d'un choc électrique ; les chants, les cris, les pleurs et la prière prirent une intensité de foi, d'amour et de reconnaissance pour Dieu, qu'il serait impossible de dépeindre.

A mesure que le Très Saint Sacrement passait, il était acclamé, poursuivi, littéralement obsédé par une escorte de ressuscités, c'est-à-dire de mourants et de paralytiques qui marchent, d'aveugles qui voient, de désespérés qui chantent de bonheur d'être délivrés de leurs infirmités. Tous se pressent, se précipitent, comme autrefois se précipitaient les foules au passage de Jésus dans les villes et les campagnes de la Galilée, tous ont le visage transfiguré par l'émotion et les yeux mouillés de larmes. Aussi ne faut-il pas s'étonner si, dans ces moments-là, les conversions sont nombreuses.

Depuis 1888, les processions eucharistiques ont pris à Lourdes une importance caractéristique qu'elles n'avaient pas antérieurement. La guérison des malades, au passage de Jésus-Hostie, attire une foule de pèlerins et de curieux, avides de « voir un miracle », qu'ils ne peuvent pas voir d'une manière aussi palpable pour ainsi dire, lorsque les guérisons s'opèrent aux piscines, tandis qu'à cette procession, ils sont à peu près sûrs de voir des malades se lever instantanément de leur grabat, sur lequel ils avaient longtemps souffert, et suivre ensuite la procession.

Le cœur seul a sa place dans cet enthousiasme de dix à quinze mille poitrines qui prient, acclament et remercient le Fils de Dieu des faveurs qu'il répand sur son passage. La joie de tous fait couler plus de larmes sur tous les visages que la tristesse ne saurait le faire, et la piété qu'on ressent alors, se manifeste sous sa forme la plus attendrissante.

La mission de Marie était de donner au monde le Fils de Dieu, le Sauveur des hommes, et de le présenter à leur adoration. Elle l'a fait pour la première fois à Bethléem. Bien des fois ensuite, quand les hommes oubliaient son Fils, Marie le leur présentait de nouveau d'une manière spéciale; mais on dirait que de nos jours elle a voulu préparer à Lourdes le règne social de Jésus-Hostie, c'est-à-dire victime du péché, victime d'amour, pour ramener à Lui les hommes par l'immolation de leur égoïsme, de leurs passions, et par l'amour de Dieu.

Les scènes touchantes dont je viens de parler se renouvellent fréquemment devant les piscines, quoique d'une manière plus simple et plus intime. Quelques traits, crayonnés alors sur le vif, montreront le côté naturel et les faveurs surnaturelles qui s'y font remarquer le plus communément.

Un jour, me trouvant en face des piscines tandis que l'abbé Macaigne, curé de Neufchâtel, dont j'ai déjà parlé, faisait prier la foule, les bras en croix et les yeux levés vers le ciel pour éviter les distractions, le digne abbé, la tête nue et le front chauve brûlé par le soleil, s'écria :

— Nous allons réciter cinq fois, lentement, en français, pour mieux comprendre ce que nous dirons, le *Pater*, l'*Ave* et le *Gloria*, en l'honneur des cinq plaies de Notre-Seigneur Jésus-Christ; chaque fois ces prières seront suivies d'un acte de contrition de toutes nos fautes et de cinq minutes de réflexion, soit sur la bonté de Dieu, soit sur notre ingratitude envers Lui, puis nous baiserons la terre pour humilier notre amour-propre.

Cinq guérisons eurent lieu successivement pendant ces cinq prières, comme réponse à cette manifestation touchante d'une foi vive ! Puis ayant dit aux douze ou quinze cents personnes qui priaient depuis *trois heures*, les yeux levés vers le ciel, de se reposer un peu, tous se mirent à genoux dans la boue, car la pluie était tombée dans la matinée.

Ce beau spectacle émut ce digne prêtre au point que de grosses larmes perlèrent dans ses yeux et coulèrent le long de ses joues. — Depuis l'Evangile, me dit-il, les foules cherchent Jésus et le suivent quand elles le trouvent, mais il faut les y conduire par la bonne, la vraie prière, l'exemple et l'effacement de soi-même.

En ce moment, une dame en costume excentrique, la tête couverte de panaches rouges, d'une botte de coquelicots et de rubans jaunes, ayant une énorme *tournure* sur laquelle on aurait pu s'asseoir, et portant des jupes chargées de baldaquins, s'approcha rapidement de la multitude qui priait à haute voix, et, tirant par le bras un homme avec lequel elle était, elle s'écria de manière à se faire entendre d'un grand nombre : — Quelle comédie !

M. Macaigne, l'ayant entendue, dit à la foule : — On dit derrière vous que nous jouons la comédie ; non, nous ne sommes pas des comédiens, mais nous sommes autre chose, nous sommes des fous, car le Saint-Esprit a dit par la bouche de saint Paul que la croix était une folie pour les infidèles, et nous sommes tous des fous de la croix. Pour ma part, je suis heureux d'être en si bonne et si nombreuse compagnie.

Un tonnerre d'applaudissements accueillit ces paroles, et deux mille voix crièrent : — Oui ! oui ! nous sommes tous des fous de la croix et le serons toujours ! Vive la croix !

Au même moment où cette dame venait de traiter de comédie ce qu'elle voyait, quatre brancardiers portaient un malade sur une civière à l'hôpital municipal. L'un d'eux, le comte ***, dit à ses trois compagnons : — Messieurs, la route est longue, disons en chemin un chapelet pour nos malades. Et les quatre jeunes gens sortant chacun un chapelet de leur poche, se mirent à le réciter en chœur en marchant !

La dame aux coquelicots ne jouant pas *la comédie*, ne priait pas pour les malades pauvres, ne les soignait pas, ne balayait pas leurs dortoirs et ne vidait pas leurs vases, comme le faisaient les jeunes marquises et les vieilles comtesses des hospitalités de Notre-Dame de Lourdes et de Notre-Dame de Salut.

Dans l'après-midi de ce même jour, une pluie torrentielle tomba pendant trois heures consécutives. Les brancardiers, à la grotte comme aux piscines, protégèrent leurs malades avec des parapluies ou des paletots, en attendant qu'ils fussent tous réintégrés dans leurs hôpitaux, et restèrent eux-mêmes exposés à la pluie, en priant à genoux, ainsi qu'une trentaine de prêtres, à côté des malades !

Comment les miracles n'auraient-ils pas succédé aux miracles pendant ces scènes émouvantes qui touchent tout cœur honnête et droit, même les plus indifférents aux sentiments religieux.

Le soir, l'évêque qui dirigeait le pèlerinage à ce moment-là descendit à la grotte, et voyant trois ou quatre mille pèlerins avec des cierges à la main et des parapluies, leur dit en chaire :

— La pluie est implacable, eh bien, nous serons implacables comme elle, et nous prierons dans la boue au lieu de prier dans la poussière.

Et la procession aux flambeaux se fit comme de coutume. Si je ne me trompe, c'est le même évêque qui, par un autre jour de pluie, disait aux pèlerins de son diocèse : — Mes frères, la pluie et le Vendéen se connaissent et n'ont pas peur l'un de l'autre ; nous laisserons donc la basilique au pèlerinage de Versailles et nous ferons nos exercices en plein air, à la grotte.

De telles paroles électrisent les masses, et si les évêques savaient le bien qu'ils peuvent faire en amenant leurs diocèses au sanctuaire de Lourdes, tous y viendraient avec ce zèle qui faisait dire à l'un d'eux : — Un pèlerinage à Lourdes fait plus de bien à mes diocésains qu'une mission, et c'est pourquoi j'ai voulu faire un pèlerinage de mille hommes, quoique je n'en eusse que *douze* d'inscrits lorsque j'ai commandé le train qui devait finalement en amener *onze cents !*

Le terrain devant les piscines offre toujours, surtout pendant le pèlerinage national, un spectacle touchant, attrayant même, et qu'on ne se lasse pas d'admirer. Les malades, couchés sur leurs grabats, assis dans de petites voitures à bras ou sur des bancs, attendent en priant qu'on les plonge dans l'eau miraculeuse. Les hommes sont à droite, les enfants viennent ensuite, et les femmes sont à gauche.

En face de ces trois groupes, les curés de ces malades, des prêtres qui les connaissent, ou font simplement partie du pèlerinage, prient avec eux les bras en croix. Entre le Gave et ces différents groupes, une multitude compacte de pèlerins prient, agenouillés dans la poussière, les bras également en croix. Au centre de tout ce monde, un ecclésiastique dit, avant chaque dizaine du chapelet qu'on va réciter, les grâces spéciales qu'on doit demander et les intentions plus particulières qu'on doit avoir en vue. Parfois, il rappelle les paroles de la sainte Vierge à Bernadette, et fait suivre chaque dizaine de chapelet du chant du *Parce*, *Domine*, de l'*Ave Maris stella*, ou de quelques strophes d'un cantique populaire.

L'entraînement est général, et peu de personnes échappent à cet attrait puissant qui pousse tous les assistants à se prosterner, à prier, à pleurer. On tombe à genoux sur le sol, on le baise, on le touche du front, on l'arrose de larmes ; puis, on relève la tête, les yeux se dirigent vers le ciel, les bras se tendent vers l'image de Marie, et la pensée monte monte vers Dieu, s'y perd comme dans un océan de sentiments doux et tristes, tout à la fois, mais d'une indéfinissable suavité ; elle s'y repose comme dans son élément naturel et son vrai centre.

Que de choses la pensée n'avait jamais vues, et qu'elle voit à ce moment ! Que de bonheur le cœur n'avait jamais imaginé, et dans lequel il nage maintenant ! Un officier aveugle me disait en quittant Lourdes :

— Je n'ai pas été guéri, mais je reviendrai, car de ma vie je n'ai eu tant de bonheur que pendant les quelques jours passés ici !

De même que les harpes des Hébreux captifs, suspendues aux saules, sur les bords des fleuves de Babylone, rendaient le même son, quand la brise du soir, embaumée de senteurs, s'élevait dans les plaines, de même sur les bords du Gave, en face de la Grotte, toutes les âmes éprouvent les mêmes vibrations de bonheur, sous l'impulsion de ce souffle béni qui descend du ciel sur ce petit coin de terre.

Aussi, le nombre est-il grand de ces pèlerins qui reviennent le soir, continuer jusqu'à minuit et même plus tard encore, leurs prières, rêveries ou méditations pieuses dans cette solitude et le silence de la nature. Heures délicieuses et de mystérieux épanchements, dont le doux souvenir remplit ensuite toute la vie.

Les grands pèlerinages, en général, et le Pèlerinage national, en particulier, font à Lourdes plus que des conversions, ils font encore des heureux, ils font des saints, car on y voit en permanence le miracle de la prière. La prière est la clef du ciel ; avec elle on y prend les trésors qui s'y trouvent, et l'on y met une multitude d'âmes qui ne s'y trouveraient jamais sans elle. C'est là qu'il faut aller pour savoir ce qu'est la prière et ce qu'elle vaut ; pour savoir pourquoi la prière nous est permise, commandée même, et pour connaître sa puissance sur le cœur de l'Éternel.

CHAPITRE X

Pèlerinages à paniers. — Les grands pèlerinages. — Les exercices religieux. — L'*amende honorable* des Bretons. — Les chants de la Touraine. — Le *chant* et les chantres de la Grotte. — Le *Credo* des Basques.

Un fait curieux à constater, pendant les grands pèlerinages des mois d'août et de septembre, c'est que, malgré l'immensité de la foule qui s'entasse devant la Grotte, il n'arrive jamais d'accidents graves. Le seul accident dont je me rappelle, était plutôt grotesque et risible que sérieux, et se passa pendant la première quinzaine de septembre 1888. Les pèlerins étaient alors si nombreux, que la circulation sur les bords du Gave devint presque impossible pendant les cérémonies de l'après-midi.

Soit qu'il était très pressé, soit qu'il cherchait à s'exhausser pour mieux voir les cérémonies, un brave homme voulut passer derrière les personnes assises sur le banc de pierre qui longe le parapet des bords du Gave. A cet effet, il enjambait de son mieux les assistants pour ne pas marcher sur les robes, et s'appuyait même de temps en temps sur leurs épaules ou leurs têtes, lorsque son équilibre lui faisait défaut, au grand déplaisir de tous, et surtout de toutes. Ayant eu le malheur de prendre une *tournure* de ces dames pour un tabouret caché sous l'étoffe, il y monta dessus, pour une raison quelconque ; aussitôt on entendit la charpente de cet instrument à la mode craquer ; ce craquement fut instantanément suivi d'une dégringolade complète de l'homme, de la femme et de deux voisines sur les groupes de devant, qui s'effondrèrent, à leur tour, sous cet énorme poids. Cette avalanche n'eut de suite fâcheuse que pour les toilettes, qui furent un peu chiffonnées.

Un genre de pèlerinages qui ne manque pas de pittoresque, ce sont ceux qu'on appelle les *pèlerinages à paniers*, parce que les pèlerins dont ils se composent, viennent habituellement avec des paniers remplis de vivres, pour les douze ou vingt-quatre heures qu'ils passent à Lourdes. Ces pèlerins sont des campagnards ou des montagnards des pays limitrophes ; cependant Toulouse, Bordeaux et les petites villes du versant septentrional des Pyrénées en fournissent un bon contingent chaque année.

Beaucoup d'étrangers, à Lourdes, se plaignent de ce que plusieurs de ces *pèlerinages à paniers* manquent de tenue, d'édification, et sont de vrais *pique-niques*, où l'on mange, boit, crie et se promène plus qu'on ne prie. C'est trop généraliser et même exagérer les faits. Il est vrai que ces sortes de pèlerinages sont très mouvementés et bruyants, comme toutes les réunions des populations méridionales ; on y parle beaucoup trop et trop haut, on mange, on s'interpelle en face de la Grotte et ses environs, comme si c'était un champ de foire, sans songer à la sainteté du lieu dans lequel on se trouve, et même à la basilique, le silence ne s'obtient guère pendant les offices.

Néanmoins, ces excès rustiques sont rares, et proviennent du caractère de ces braves gens qui, très heureux de se trouver à Lourdes, manifestent leurs joies à leur manière, comme ils le font aux jours de fête.

Pour éviter ces excès naturels, comme pour empêcher les fumeurs, les pêcheurs, les curieux qui gardent leurs chapeaux sur la tête, et d'autres personnes de manquer de respect ou de convenances dans ce lieu de prières sanctifié par la présence de Marie, on sera plus tard obligé d'entourer le parvis de la grotte soit d'une colonnade, soit d'une grille monumentale qui rappellera le respect et la prière à tous ceux qui sont enclins à l'oublier en présence de ce rocher béni.

Chaque année, on voit également de ces *pèlerinages à paniers* forcer l'admiration et faire couler bien des larmes par la foi, la ferveur et le recueillement de leurs pèlerins. Les pauvres habitants de certains villages situés à trente et même quarante kilomètres de Lourdes, viennent à pied, pendant la nuit, à jeun, pour recevoir la sainte communion, et cela presque tous les ans.

Il m'en souvient d'un dans lequel se trouvaient plusieurs vieillards, dont l'un avait quatre-vingts ans, des enfants à la mamelle portés par leurs mères, d'autres, des deux sexes, âgés de dix à quinze ans, ainsi que des jeunes gens et des jeunes filles, des familles entières. Tous reprirent dans l'après-midi le chemin de leur village, par une pluie battante, faisant ainsi *quatre-vingts* kilomètres dans une journée pour honorer la Vierge Immaculée.

Un autre *pèlerinage à paniers* qui se renouvelle aussi presque tous les ans, est celui d'un gros bourg dont le nom m'échappe en ce moment. Une année, les hommes voulurent venir seuls à la grotte, à la grande fureur des gros bonnets de l'endroit, tous marchands, et qui, dit-on , refusèrent de vendre des provisions de route aux pèlerins.

Après avoir accompli leur pèlerinage en braves chrétiens pratiquants qu'ils étaient, ces pèlerins repartirent comme de coutume, en chantant des cantiques, et n'arrivèrent chez eux que fort avant dans la nuit.

Quelle ne fut pas leur surprise de voir, à l'entrée du bourg, un arc de triomphe resplendissant de lumières, élevé par leurs mères, leurs femmes et leurs filles, qui les attendaient pour les féliciter de leur mâle énergie !

Tous se rendirent en procession à l'église, traversant les rues illuminées et pavoisées, et chantèrent un *Te Deum* dans la maison du bon Dieu magnifiquement ornée, comme pour les grandes fêtes. C'en fut une, en effet, pour ces familles chrétiennes, indépendantes du respect humain, et de tous ces pauvres moutons de Panurge qui se laissent intimider par les saltimbanques politiques de notre fin de siècle, en attendant d'être tondus jusqu'au vif par les habiles et les parasites du village de la commune.

Quant aux grands pèlerinages annuels de Lyon, Tours, Angers, de la Bretagne, de la Vendée, de l'Alsace-Lorraine, des Basques, des Belges, des Espagnols et quelques autres moins importants, qui, presque tous, amènent beaucoup de malades, il est difficile de les dépeindre et même d'en donner une idée juste à ceux qui ne les ont pas vus.

La beauté de leurs chants, la dignité de leur tenue, la piété touchante et l'ordre admirable que ces pèlerins conservent pendant tous leurs exercices, font de ces pèlerinages des spectacles étonnants, surtout à notre époque. Emouvants, édifiants au suprême degré, ces pèlerinages n'offrent aucune prise à la critique, qui, d'ailleurs, n'a jamais essayé de les toucher.

Ce qu'ils ont attendri, remué, converti de cœurs

pervers, d'âmes endolories par les hommes ou les choses, est vraiment merveilleux. Bien des spectateurs mêmes, arrivés à la grotte en incrédules ou simples curieux, se sont sentis frappés par ce qu'ils voyaient, ce qu'ils entendaient, et ne se doutaient guère qu'ils rentreraient chez eux réconciliés avec leur Dieu par la réception des sacrements, et bons chrétiens.

Les exercices publics de presque tous les pèlerinages consistent d'abord en une procession générale à l'arrivée. Cette procession, par le nombre de ses bannières, de ses croix et tous ses détails, rappelle celles de la Fête-Dieu. Le matin, on célèbre à la grotte une messe de communion avec chants, puis une seconde messe d'actions de grâces, et, plus tard, à la basilique, une grand'messe. Dans l'après-midi, l'on chante les vêpres ; viennent ensuite la bénédiction du saint Sacrement, et généralement une nouvelle procession, soit sur les bords du Gave, soit à la croix de Beauvais, soit aux grottes de Sainte-Madeleine, aux Espelugas. Souvent, on prêche à la messe, aux vêpres et sur les différents endroits où se rendent les processions. En outre, des prières entremêlées de chants se font à peu près toute la journée, pour les malades, en face des piscines, ainsi qu'à la grotte, quand les exercices religieux le commandent ou le permettent.

C'est surtout pendant les messes du matin à la grotte que l'âme du spectateur est le plus attendrie par la piété des pèlerins, le plus émue par les chants, et transportée le plus rapidement dans le monde surnaturel par ce tableau vivant qui se déroule au pied des montagnes, sur les bords du Gave. Les chants, répercutés par les rochers de Massabielle, trouvent un écho de l'autre côté du torrent et se perdent dans l'espace, avec ce charme mystérieux et doux qu'ont les derniers soupirs d'un orgue sous les voûtes d'une vieille cathédrale.

Habituellement, le pèlerinage de Nantes est accompagné d'une fanfare dans laquelle dominent les saxophones et les instruments à notes basses et graves. Pendant la messe du matin, la fanfare se place au-dessus de la grotte, à la galerie qui contourne la basilique, et répond aux chants ou les accompagne. Cet accompagnement aérien produit un effet religieux et mélancolique des plus saisissants, et, pour quiconque a de la foi, du cœur et l'oreille musicale, il n'est guère possible de ne pas pleurer quand les Bretons chantent leur *Amende honorable*, accompagnés de ces instruments.

Comme musique, cette *Amende honorable* est un poème d'une tristesse indéfinissable, douce, harmonieuse et profondément chrétienne. On dirait un écho lointain de ce sublime cantique d'Israël captif, suspendant sur les bords des fleuves de Babylone ses harpes silencieuses, pour mieux chanter ses douleurs et ses larmes, en souvenir de Sion.

Comme poésie, cette *Amende honorable*, est une

mélodie de l'âme une prière suave, une adorable supplication d'un cœur français et chrétien au cœur de Jésus. Chantée lentement par cette foule suppliante, à genoux, elle semble être les derniers soupirs de la patrie agonisante, demandant pardon au Dieu du Calvaire. Qu'on me permette d'en citer quelques strophes :

De la France outrageant le Dieu qui fit sa gloire
Ne vous souvenez plus ; (*bis*).
De la France avec Dieu marchant à la victoire
Souvenez-vous, Jésus ! (*bis*).

De la France jetant l'insulte à votre face
Ne vous souvenez plus ; (*bis*).
De la France à genoux qui vous demande grâce
Souvenez-vous, Jésus ! (*bis*).

Du glaive déchirant votre Eglise immortelle
Ne vous souvenez plus ; (*bis*).
Des nobles défenseurs qui sont tombés pour elle
Souvenez-vous, Jésus ! (*bis*).

De la bouche sur Dieu vomissant le blasphème,
Ne vous souvenez plus ; (*bis*).
De ce pauvre ouvrier qui prie et qui vous aime
Souvenez-vous, Jésus ! (*bis*)

Du travail insultant au repos du dimanche
Ne vous souvenez plus ; (*bis*).
Des foules dont le cœur dans votre cœur s'épanche
Souvenez-vous, Jésus ! (*bis*).

Si parmi les grands pèlerinages annuels celui de

Lyon brille, édifie et commande le respect par sa piété, sa tenue et l'ordre qui règne dans ses rangs, son organisation et ses exercices, ceux de la Touraine ne sont pas moins admirables par ces qualités et la beauté de leurs chants. Chaque année ce pèlerinage apporte à Lourdes un nouveau cantique, dont les paroles et la musique sont de M. l'abbé Moreau, curé de Sorigny. Quelques-uns de ces cantiques sont devenus très populaires, et sont chantés dans tous les pèlerinages. En général, ces cantiques sont tout à la fois des prières et des manifestations de la foi des pèlerins. On peut en juger par les quelques strophes suivantes d'un des cantiques les plus populaires de l'abbé Moreau :

« NOUS VOULONS DIEU »

Marie, ô Vierge immaculée,
Guide assuré du pèlerin,
Refuge de l'âme brisée,
Conduis nos pas dans le chemin.

Refrain. Bénis, ô tendre Mère,
Ce cri de notre foi :
« Nous voulons Dieu, c'est notre Père,
Nous voulons Dieu, c'est notre Roi. »

Nous voulons Dieu, car les impies
Contre Lui se sont soulevés,
Et dans l'excès de leurs furies
Ils Le bravent, les insensés !

Nous voulons Dieu dans nos familles,
Dans l'âme de nos chers enfants ;
Dieu donne la grâce à nos filles,
A nos garçons des cœurs vaillants.

Nous voulons Dieu dans nos écoles,
Afin qu'on enseigne à nos fils
Sa Loi, ses divines paroles
Sous le regard du crucifix.

Nous voulons Dieu dans notre armée,
Afin que nos jeunes soldats,
En défendant la France aimée,
Soient des héros dans les combats.

Généralement, les sentiments dans ces cantiques sont plus beaux que les vers qui les expriment, mais c'est une poésie qu'il faut plutôt entendre que lire. Néanmoins, surtout parmi les cantiques bretons et vendéens, on en trouve d'une grande beauté poétique, naïve, rustique, mais mâle et fière. Nos députés conservateurs la trouveraient peut-être exagérée, compromettante et pas assez de notre époque ; mais du moment où la virilité s'en va de chez nos gouvernants et de nos représentants, on est heureux de la retrouver parmi le peuple, où les hommes et les femmes n'ont pas encore changé de sexe, les hommes, en devenant femmes, et les femmes en devenant hommes. Aussi, sent-on le cœur bondir de joie quand on entend un millier d'hommes chanter avec autant d'élan que d'énergie des couplets comme ceux-ci, sur l'air de la *Vendéenne* :

Aux femmes, la religion !
Aux enfants, l'amour de Marie !
Pour se conduire, a dit l'impie,
A l'homme suffit sa raison.

Refrain.

Non, non ! chez nous, même au siècle où nous sommes,
Les cœurs virils sont fiers d'être chrétiens ;
Dieu pour sa cause aura des hommes,
Tant que vivront des Vendéens !

Femmes, servez Dieu ! Mais pourquoi
L'homme serait-il moins fidèle ?
A-t-il pour objet de son zèle
Un autre maître, une autre loi ?

Refrain.

Quand Jésus, du haut de la croix,
Au monde veut donner Marie,
C'est à saint Jean qu'il la confie ;
Sachons faire honneur à ce choix !

Refrain.

O Vierge de Massabielle, est encore un de ces cantiques qui, chanté sur les bords du Gave par des milliers de voix, transporte l'âme croyante dans les régions du surnaturel. Il en est de même de quelques-uns d'Avignon et de la Provence, dont les mélodies sont ravissantes au possible. Mais le plus populaire de tous, celui qu'on pourrait appeler le *chant national de la Grotte*, celui que tout le monde sait, que tout le monde chante, que l'on chante particulièrement pendant la procession aux flambeaux, et que dix et même quinze mille voix chantent à la fois, c'est l'histoire des apparitions composée par M. l'abbé Gaignet, directeur au grand séminaire de Luçon. Ce récit comprend six dizaines de strophes terminées par le refrain :

Ave, ave, ave Maria.

C'est pour cela qu'on l'appelle le *Chapelet de Notre-Dame de Lourdes*. Ce cantique se chante sur l'air de l'*Ave Maria des Vendéens*. En voici les premières strophes :

1. Sur cette colline
Marie apparut :
Au front qu'elle incline
Rendons le salut : Ave...

2. A l'enfant timide
Priant au vallon,
Au Gave rapide
Elle a dit son nom. Ave...

3. L'enfant le répète
Comme un doux écho ;
Le Gave lui prête
La voix de son flot. Ave...

4. La France l'écoute,
Se lève soudain,
Et se met en route,
Chantant ce refrain : Ave...

5. La voix maternelle
Dit : Venez ici !
Le peuple fidèle
Répond : Me voici! Ave...

6. Un souffle de grâce
Pousse vers ce lieu :
Ce souffle qui passe
Est celui de Dieu. Ave..

7. C'est notre Vendée
Qui vient à son tour
A l'*Immaculée*
Dire son amour. Ave...

8. Reçois la prière
De tes pèlerins ;
Montre-toi leur Mère,
De tous fais des saints. Ave...

La nuit, lorsqu'une procession de deux à trois kilomètres de longueur se déroule de la grotte à la colline, et de la colline à la prairie, en chantant ce récit, il est difficile de raconter l'effet qu'il produit à ceux qui l'écoutent, soit du portique de la basilique, soit du chemin de la Croix de Beauvais. Sur pareille longueur, l'ensemble est impossible, d'ailleurs les pèlerins hâtent ou traînent la mesure plus ou moins, suivant leur nationalité, de sorte que les uns finissent par entonner le refrain, lorsque d'autres commencent ou terminent les couplets. Mais, à l'instar de « *Frère Jacques* », que nous avons tous chanté dans notre enfance, loin de faire une cacophonie désagréable à l'oreille, cette variété dans l'intonation et les paroles produit une sorte d'harmonie tout à la fois imposante, simple et touchante.

Ce cantique, d'ailleurs, prête beaucoup à la mélodie. Parfois, à la grotte, la maîtrise de la basilique chante le récit avec un gracieux et charmant accompagnement, sans paroles, des chantres de la grotte, qui chantent ensuite en chœur le refrain d'une manière ravissante.

Ces chantres, au nombre de seize, tous Pyrénéens et pères de famille, ont des voix vraiment remarquables qu'ils manient avec une *maestria* rare, même parmi les musiciens de profession; le premier ténor et la première basse, après quelques mois d'études, pourraient certainement rivaliser avec les meilleures voix de la capitale. Quoique leurs occupations de la journée les empêchent de s'exercer, comme le désirerait leur habile maître de chapelle, ils ont tellement le sentiment musical que leurs chants religieux ou montagnards suscitent toujours, avec raison, l'enthousiasme de leurs auditeurs. Du reste, leur talent est si généralement apprécié, que presque tous les grands pèlerinages leur font chanter le dernier *Salut* dans la basilique illuminée, le soir, la veille du départ. Pour les grandes fêtes de la sainte Vierge, après la procession aux flambeaux, ils chantent ordinairement :

Au revoir, bonne Mère !
Au revoir sur la terre et dans les cieux !

Ce morceau de musique religieuse est si délicieusement dit, qu'il empoigne tous les pèlerins jusqu'au plus profond de l'âme, et que, si l'on osait, on les applaudirait à tout rompre. Malheureusement, des mélomanes de rencontre ne résistent pas au désir d'accompagner ces chants, et déchirent les oreilles de tous ceux qui les ont justes. On peut en dire autant du cantique de Laurent de Rillé chanté par les Belges, et si souvent gâté par ces misérables mélomanes, qu'on ne peut, hélas! mettre à la porte, puisqu'on chante en plein air.

Ces chants sont l'âme, pour ainsi dire, des processions, offices et cérémonies auxquelles, ils donnent une sorte de vie surnaturelle. Quand cinq cents Belges chantent, le soir, le cantique en quatre parties de Laurent de Rillé, *Salut, Vierge Marie,* qu'ils ont adopté d'une manière spéciale, on est transporté dans des sphères éthérées par la majestueuse ampleur et le rythme de ce chant vraiment admirable.

Une fois, je fis assister un évêque américain à la grand'messe d'un pèlerinage de trois mille Basques. La cérémonie se faisait à la grotte, et nous étions à la galerie qui couronne le rocher et domine de vingt mètres les foules agenouillées sur le parvis et les bords du Gave.

La messe était en plain-chant ; trois mille voix divisées en deux chœurs, les hommes d'un côté, les femmes de l'autre. Trois mille voix basques valent bien dix mille voix ordinaires. Quand le chant du *Credo* fut fini, les échos du Carmel le répétaient à ceux des montagnes de la vallée comme le roulement lointain du tonnerre, en ébranlant toutes les voix de la nature dans les solitudes. L'évêque était à genoux, de grosses larmes roulaient de ses yeux et mouillaient son visage.

— Oh ! me dit-il, après la messe, nulle part au monde, on ne voit de pareils spectacles ; ce n'est pas les yeux qu'ils frappent, mais le cœur qu'ils inondent d'amour et de reconnaissance pour le bon Dieu qui les inspire.

Ces sortes de scènes se renouvellent fréquemment chaque année. Je me rappelle qu'une fois, le pèlerinage de Tours se trouvait à la Grotte pour l'office de l'après-midi. Le soleil répandait sur les foules, le Gave, les prairies, les collines, les bois et les montagnes, ses tons variés, gais et chauds. Un silence relatif dominait au parvis de la Grotte, car on y buvait religieusement les paroles d'un saint prêtre qui parlait avec son cœur, parlait aux cœurs de tous, et leur versait richement l'amour de Dieu, l'amour du prochain, et l'amour de la vie franchement chrétienne. Quelle semence d'or n'a-t-il pas répandu ce jour-là dans tous les cœurs qui l'écoutaient ! Ce cadre, ce tableau, ces tons, ces paroles eussent inspiré les plus belles pages du *Génie du christianisme*; mais on n'écrit plus de telles pages.

Tandis qu'il parlait, sa voix n'était pas coupée, mais accompagnée, par le chant doux et triste du *Parce Domine* que l'on entendait du côté des piscines, où le chant plus gai de l'*Ave maris Stella.* Plus loin, sur la colline, douze cents pèlerins montent à la croix de Beauvais, en chantant : *Nous voulons Dieu, c'est notre Père, nous voulons Dieu, c'est notre roi ;* leurs voix nous arrivent comme un gracieux murmure de la brise du soir et se perdent dans la distance.

Le prosaïque sifflet de la locomotive nous annonce sur le versant de la colline du Carmel, le passage d'un train ; nous le voyons paraître et disparaître derrière des touffes d'arbres, de broussailles et des plis de terrain. Au moment de la bénédiction, toutes les cloches de la Basilique lancent dans l'espace leurs joyeuses chansons, et disent aux pèlerins que des frères leur arrivent, et qu'un nouveau pèlerinage s'avance dans la prairie, bannières déployées.

Ces faits sont simples et ne disent pas grand chose à ceux qui les entendent raconter ou qui les lisent, mais ce que la parole ne peut exprimer, et ce que la plume ne peut peindre, c'est la puissance et l'harmonie naturelles de toutes ces voix d'hommes, de choses, et de la nature qui remuent toutes les fibres de notre être et nous pénètrent d'un je ne sais quoi ravissant. C'est une suave mélancolie qui vous empoigne corps et âme, vous subjugue et vous fait relever la tête vers le ciel. C'est un éclair au milieu d'une nuit noire ; on voit ce qu'on ne voyait ni devant ni derrière soi ; la vie oublieuse, indifférente ou mauvaise paraît alors dans toute sa grossière bêtise, dans sa hideuse ingratitude, et l'on en veut une autre plus vraie, plus heureuse, en un mot, plus chrétienne.

Chose singulière et digne de remarque, c'est que les spectacles de Lourdes ne parlent pas à l'imagination, mais au cœur, à la raison, tels que Dieu les a faits, et non tels que les vices ou les travers les ont défaits, dénaturés, et c'est pour cela que tant d'hommes reviennent à la vie chrétienne sur le terrain béni de la Grotte.

CHAPITRE XI

La croix de Jérusalem. — La procession aux flambeaux. — Chants bretons. — Spectacle féerique. — Charme fascinateur de la grotte. — Boutade sur le monde.

Un des spectacles les plus émouvants de ceux que j'aie jamais vus à Lourdes, est sans contredit la plantation de la croix de Jérusalem, rapportée de la Terre-Sainte, en 1885. Disons entre parenthèses, pour ceux qui l'ignorent, que chaque année le pèlerinage de pénitence en Terre-Sainte, organisé par les Pères de l'Assomption, transporte à Jérusalem une énorme croix de bois, avec laquelle les pèlerins font le chemin de croix sur la voie douloureuse, parcourue par le divin Sauveur du prétoire de Pilate au saint Sépulcre. Chaque année, la nouvelle croix est ramenée en France et plantée dans un de nos grands sanctuaires.

Quatorze grandes croix avaient été plantées de distance en distance sur les quinze cents mètres qui séparent la grotte du sommet des Espélugues, où la croix de Jérusalem devait être érigée et dominer la terre bénie de Lourdes. A chacune de ces quatorze stations, quarante pèlerins, bourgeois, cultivateurs, ouvriers, nobles, comtes et marquis, attendaient à genoux, les pieds nus, l'arrivée de la croix pour la porter à la station suivante, et suivaient ensuite les autres porteurs qui marchaient tantôt dans la boue et tantôt sur les cailloux concassés du chemin, jusqu'au sommet de la montagne. Ces nobles cœurs, fiers d'être chrétiens, étaient plus de *six cents !*

Mgr l'évêque d'Oran, revêtu de ses ornements pontificaux, entouré d'un nombre considérable d'ecclésiastiques, présidait la cérémonie. Une immense procession, dans laquelle on apercevait bien des pieds nus, précédait la croix, tandis que des milliers d'hommes la suivaient, se massant derrière elle en rangs pressés. Quand elle quitta la grotte, le cri de *Vive la croix !* sorti spontanément de toutes ces poitrines, ébranla l'air, éveilla les échos d'alentour et monta vers le ciel comme un tribut d'hommage à l'instrument de notre salut.

La foule se mit en marche au chant de ce vieux cantique :

Vive Jésus ! Vive la croix !

Que de fois ne l'avons-nous pas chanté dans notre enfance en nous préparant à cette grande solennité de la vie chrétienne qu'on appelle la première communion !

A chaque station, la multitude entonnait une strophe du *Vexilla Regis* pour saluer l'*Etendard du Roi*, puis implorait le pardon du Père céleste par le *Parce Domine*, répété trois fois, et se remettait en marche en répétant les acclamations de *Vive la croix !*

A chaque station aussi l'émotion devenait plus grande, car on ne saurait trop le répéter, ces spectacles doivent se *voir* et s'*entendre*, à cause de cette atmosphère spéciale à Lourdes, dont j'ai déjà parlé, qui s'empare de l'âme et lui fait éprouver un sentiment de bien-être surnaturel qu'on n'éprouve nulle part ailleurs.

En outre, à cette époque, nos pauvres « sans Dieu » commençaient à briser les croix partout, pour donner un échantillon de leur intelligence, de leur bravoure, de leur bon goût et de leur bonne éducation. Ces actes sacrilèges, aussi stupides que révoltants, soulevaient le cœur des gens honnêtes et donnaient à cette manifestation un caractère plus intense de réparation publique vis-à-vis de la Majesté divine outragée par tous ces idiots de bas étage, que les *conservateurs* égoïstes et poltrons plus que jamais ont laissé devenir les maîtres d'aujourd'hui.

Arrivée sur la montagne, la croix fut dressée sur son socle de granit. A ce moment, les nuages s'écartèrent pour laisser voir le ciel et laisser passer un rayon de soleil qui vint éclairer la croix et les chrétiens agenouillés ou debout devant elle !

Le père Marie-Antoine, si populaire et si vénéré dans tout le Midi de la France, monta sur une estrade pour exalter la croix. La puissante parole de ce bon capucin à longue barbe, à la figure ascétique, fut des plus éloquentes. A la fin de son discours, toute son âme sembla passer sur ses lèvres, lorsque, se tournant vers la croix, il s'écria : « Croix de Jérusalem, tout embaumée des parfums du Calvaire, tout imprégnée du sang du Christ, des sueurs et des larmes d'amour de nos pèlerins, qui te portèrent en triomphe dans les rues de Jérusalem, nous devons t'appeler la croix du triomphe ! »

Oh ! que les spectacles enfantés par le christianisme sont imposants, touchants et beaux !

Mais la plus merveilleuse de toutes les cérémonies, celle qui réjouit le plus les pèlerins, c'est la procession aux flambeaux. Pour elle, plus encore que pour toutes les autres, il faut la *voir* et l'*entendre* pour s'en faire une idée. C'est sur cette fête de nuit que se concentre un des plus grands attraits des pèlerinages de Lourdes. C'est une de ces beautés «toujours anciennes et toujours nouvelles» que l'œil ne se lasse jamais de contempler et le cœur d'admirer. On pourrait dire qu'un pèlerinage à Lourdes est décapité quand il n'a pas sa procession aux flambeaux.

Le défilé des grandes processions aux flambeaux,

comme celles du *Pèlerinage national* et des grands pèlerinages du mois de septembre, dure ordinairement de huit heures à dix heures du soir. Puis, viennent au pied de la « Vierge du couronnement », dans la prairie, les discours, les recommandations et les acclamations.

C'est réellement un spectacle féerique que celui présenté par ces milliers de flambeaux qui paraissent comme autant d'étoiles sur la terre, éclipsent même, aux yeux éblouis des pèlerins, celles du ciel, descendent comme un torrent lumineux des roches de Massabielle, serpentent dans la prairie, s'éparpillent comme les étincelles d'une fournaise, de ci, de là, sur les chemins, et finissent par envelopper la Vierge en se massant à ses pieds pour former un beau lac de feu brillant, étoilé.

Les pèlerins entonnent à pleine poitrine, leurs chants les plus populaires et les plus saintement passionnés, qui viennent frapper les oreilles comme une mélodie puissante de l'autre monde. Ces chants émeuvent, touchent et réjouissent les cœurs d'une manière surnaturelle. A ces processions assistent toujours les *miraculés*, c'est-à-dire ceux qu'on avait vus mourants sur leurs civières, paralysés sur leurs grabats, marchant péniblement à l'aide de béquilles, et qui maintenant, guéris par la toute-puissance divine, marchent, chantent et prient comme ils ne l'avaient jamais aussi bien fait auparavant.

Parmi les pèlerinages qui vinrent à Lourdes en 1885, au moment où le *Pèlerinage national* s'y trouvait, celui de la Réole y brilla par une innovation pieuse, autant que par sa bonne tenue, son ordre et ses chants. En effet, au milieu de sa procession, ou pour mieux dire immédiatement avant son clergé, l'on vit apparaître quatre oriflammes rouges, décorées des emblêmes de la Passion, et au centre, portée par des frères des Écoles chrétiennes, s'avançait lentement une grande croix de bois, reposant sur un piédestal qui représentait les rochers du Calvaire. Une immense couronne d'épines, précédait la croix. Les pèlerins laissèrent ces objets à la Grotte pour la procession aux flambeaux. Les bretons de Vannes, de Nantes et les Toulousains accueillirent leurs frères de la Réole par les cris de : « Vive la Croix ! » qui durèrent au moins dix minutes.

Le soir, le parvis de la Grotte, celui des piscines et les bords du Gave, représensaient un lac de lumières étincelantes que venaient grossir, comme un ruisseau de feu les retardataires avec leurs flambeaux allumés. Dix mille pèlerins, portant chacun son cierge allumé, se pressaient dans cette étroite enceinte au point de ne pouvoir plus remuer ; tous voulaient entendre les avis qui se donnent alors, et le sermon qui se fait habituellement avant le départ de la procession. La lumière projetée par ces dix mille cierges est telle, qu'il n'est pas un brin d'herbe, pas une feuille d'arbre qui n'en reçoive quelque reflet, et que plusieurs fois nous avons vu des oiseaux voler et même gazouiller comme aux premières clartés de l'aurore.

Au moment où le signal du départ est donné, les pèlerins entonnent le chant de la Grotte : « *Sur cette colline*, etc. », et quand arrive le refrain : « *Ave, ave Maria* », c'est une explosion de voix qui rappelle le bruit de l'Océan un jour de tempête, quand les vagues viennent avec leur fracas harmonieux et régulier, expirer sur la grève. A mesure que la procession monte les lacets pour se mettre ensuite en ordre sur le grand chemin, la silhouette de la basilique se dessine dans tous ses gracieux détails au milieu d'une vapeur blanche et lumineuse, formée par la réverbération des flambeaux sur l'atmosphère.

On avait eu l'idée d'illuminer la croix de la Réole ; huit brancardiers la portaient ; à côté d'elle flottaient au vent les quatre oriflammes rouges. En tête de la procession, marchaient sur quatre rangs, des deux côtés du grand chemin, les pèlerins de la Réole, puis ceux de Vannes, de Nantes, de Toulouse, et quelques milliers d'autres de tous pays.

Trente groupes, chacun de soixante à cent chantres ou chanteuses, et trois fanfares étaient espacés au milieu de la procession, ainsi que la longue file des petites voitures à bras des malades.

Quand la procession, précédée de sa croix lumineuse, descendit avec son imposante lenteur des roches de Massabielle dans la prairie, on aurait dit un torrent de lave brillante, étoilée, qui se répandait majestueusement dans la plaine et l'éclairait de ses feux mouvants ; il lui fallut plus d'une heure pour se masser au pied de la Vierge du couronnement.

Cette concentration est elle-même un spectacle vraiment féerique, car pour l'obtenir en bon ordre, et sans les accidents inévitables qui résulteraient de la poussée formidable d'une pareille multitude vers un centre relativement étroit, la tête de la procession est obligée de continuer son mouvement en *zig-zaguant* quatre ou cinq fois en face de la Vierge, et serrant les rangs des pèlerins jusqu'à la dernière limite possible. Ce mouvement produit la nuit, avec toutes ces lumières, un effet d'optique merveilleux, et renouvelle, quand il est terminé, le spectacle du lac de feu, déjà vu précédemment à la Grotte.

Un splendide clair de lune jetait ce soir-là des teintes blafardes sur la silhouette du vieux château de Lourdes, et les montagnes d'alentour. Des éclairs sillonnaient l'espace en illuminant de lueurs verdâtres, collines, montagnes, vallons, torrent et tout l'immense paysage choisi par Marie pour y prêcher prière et pénitence. Le tonnerre mêlait de temps en temps sa grande voix à celle des pèlerins, dont les chants alternaient avec les joyeuses harmonies de leurs fanfares. Des acclamations de : « Vive la croix ! » entrecoupaient les chants.

La nature humaine, qui passe d'une douleur à l'autre, mais souffre toujours de quelqu'un ou de quelque chose, a besoin de se rattacher à la croix pour ne pas se révolter contre les hommes ou les choses. La croix, resplendissante de feux, rappelait, dans cette fête de nuit, la colonne lumineuse qui guidait les Hébreux dans le désert. Ah ! si l'on suivait toujours la croix, la vie ne serait qu'une longue série de fêtes ; les ténèbres n'assombriraient plus l'horizon, et tant d'orages et de misères ne troubleraient plus les radieuses clartés du jour !

Après le chant de l'*Ave, Ave Maria,* chaque pèlerinage entonne son cantique préféré. Les uns chantent : « *Nous voulons Dieu* » ; les Bretons, accompagnés de leurs fanfares, chantent : « *Catholiques et Bretons toujours* » ; ceux de Vannes : « *Nous venons d'Arvor* » ; Toulouse : « *O Vierge de Massabielle* », etc.

Arrivés dans la prairie, les chants perdent leur uniformité ; comme un fleuve se divise en plusieurs branches avant de se perdre dans la mer. Les chants du berceau, ceux aimés de notre enfance, remplacent les chants de la Grotte. Tous se confondent dans un divin mélange, que la brise du soir et les échos emportent au loin, emportent au ciel, comme un cri d'amour, d'espérance et de joie poussé par la terre vers son Dieu.

Les airs des cantiques bretons sont ordinairement très anciens; ils harmonisent de la manière la plus parfaite les aspirations et les sentiments les plus intimes du cœur et de l'âme. C'est une sorte de musique imitative qui devient tour à tour un cri d'alarme, un suprême appel à la tendresse paternelle de Dieu, quelque chose de familier, de touchant et de mélodieux, quelque chose enfin qui rappelle à notre foi les doux liens de famille établis par Jésus à Bethléem, entre les anges et les hommes, entre le ciel et la terre. La plupart de ces cantiques sont d'une grande sobriété de notes, simples, graves et mélancoliques, ayant une certaine analogie avec le chant des vagues qui viennent mourir sur les plages de sable du Morbihan, ou se briser contre les falaises de la vieille Bretagne.

Le costume pittoresque des hommes et des femmes, qui se modifie dans chaque village, mais qui sont toujours très modestes et d'une grande propreté, l'ordre, le recueillement et la piété des pèlerins ajoutent aux pèlerinages bretons un cachet, un charme à part.

Les Basques ont quelque chose d'analogue aux Bretons, par leur foi vive et leurs sentiments religieux. Ces deux peuples sont grands de toute la grandeur que donne le christianisme. Leurs chants, leurs prières et leurs exercices pieux émeuvent profondément l'âme. Je dis l'*âme*, et non pas le cœur, parce que le cœur est plus ou moins remué par des spectacles ou des accents tristes ou gais, mais ce n'est que la partie sensitive de l'homme qui parle ou s'attendrit en lui ; tandis que, lorsque l'âme est en jeu, c'est l'homme tout entier qui se sent empoigné, dompté, vaincu par une force étrange qui le lance aux pieds de son Dieu, dans un élan de repentir ou d'amour.

Telles sont les pensées et les sentiments qu'éprouvent la plupart de ceux qui regardent, des hauteurs environnantes de la prairie, les grands pèlerinages réunis pour la procession aux flambeaux s'agglomérer en une masse compacte aux pieds de la Vierge du couronnement. Cette réunion a pour but d'entendre les évêques ou les directeurs des pèlerinages, donner aux pèlerins quelques dernières paroles d'encouragement, d'édification, ou des conseils pour affirmer leur foi par leur conduite et leurs exemples. La soirée se termine ensuite par le chant du *Magnificat* ou du *Credo*, suivi d'acclamations pieuses, soit à Dieu, soit à la Vierge de Massabielle, qui vient ordinairement, par quelques guérisons remarquables, augmenter l'enthousiasme et la dévotion de ces multitudes chrétiennes.

La grotte, à l'époque des pèlerinages, et même pendant ses jours de complète solitude, est essentiellement fascinatrice ; ce caractère est d'ailleurs celui qui domine sur tout le groupe qui forme le sanctuaire. « La colonie », c'est-à-dire les personnes venues à Lourdes pour y passer une grande partie de l'année, sinon toute leur vie, et les pèlerins subissent cette fascination surnaturelle, au point qu'ils passent presque toutes leurs journées sur ce terrain de la Vierge. En effet, dès les cinq heures du matin, les fidèles viennent en grand nombre au sanctuaire, pour y prier, entendre la messe et communier.

J'avais baptisé les messes de six et de sept heures, dites à la crypte, de « messes aux bidons », car souvent j'ai entendu tomber des bidons vides que les fidèles apportaient avec eux pour les remplir ensuite de l'eau miraculeuse de la grotte.

Des hommes de tous les rangs, de tous les âges et de tous les pays se font un plaisir de servir ces messes matinales. L'un d'eux surtout m'a beaucoup frappé, c'était un vieillard de plus de quatre-vingts ans, d'une grande et noble famille, qui ne manquait jamais la première messe, même par la pluie, la grêle et la neige, quoique marchant difficilement appuyé sur deux bâtons, et demeurant loin de la basilique.

Après la messe, les fidèles descendent à la grotte remplir leurs bidons, s'ils en ont, boire et se laver à la fontaine, égrener leur chapelet les mains jointes ou les bras en croix, allumer quelques cierges ou prier plus ou moins longuement, les yeux habituellement fixés sur la Vierge. Quelques-uns oublient leur premier déjeuner pendant ces exercices; d'autres grignottent un peu de pain et de chocolat pour rester plus de temps à la grotte, la plupart rentrent en ville, car neuf ou dix heures viennent de sonner.

A deux heures, on revient pour le chapelet et la bénédiction du très saint Sacrement, qui se donne soit à la crypte, soit à la basilique, selon la saison. On redescend ensuite à la grotte égrener de nouveaux chapelets, prier, et, s'il fait beau, on va s'asseoir sur quelque banc de l'esplanade ou des bords du Gave, causer ou travailler en forme de récréation, avant de rentrer en ville vaquer à ses occupations. En été, bien des fidèles reviennent après le repas du soir pour la récitation du chapelet en commun, et faire leurs dernières prières.

Cette vie paraît uniforme comme celle d'une communauté religieuse, mais elle est loin d'être monotone et triste pour les *habitués* du sanctuaire. De même que lorsqu'on aime les raisins, les fraises ou les cerises, on ne se plaint pas que la grappe soit trop grosse ou le plat trop grand, de même la répétition d'une chose qui plaît et qu'on aime, n'est jamais monotone. D'ailleurs, pour les vrais chrétiens, cette vie de prière à la grotte est bénie, remplie de charmes, de douceur intérieure et de sentiment d'un bien-être indéfinissable, en un mot, d'un bonheur pur et tranquille tout à fait inconnu dans le monde.

A Lourdes, moins qu'ailleurs, l'enfant de Dieu, le vrai chrétien, ai-je dit, ne sent nullement ce besoin de distractions mondaines ou bruyantes, ce besoin de n'être jamais soi, de n'être jamais à soi, d'appartenir à tout, à tous, d'être le valet de tout et de tous, des goûts, des idées, des préjugés et des volontés d'un être qu'on appelle : *le monde*, cet être singulier qui se moque de tout le monde, et surtout de ses admirateurs et de ses serviteurs, gaspille la santé, l'argent, le temps, les sentiments, l'intelligence, le sens moral et le sens commun de toutes les classes opulentes, aisées ou modestes, et n'épargne pas souvent la classe pauvre ou voisine de la pauvreté.

Naturellement, l'amour-propre des mondains ne leur permet pas de sympathiser avec ce qu'on pourrait appeler les *gens de Lourdes*, qui se chiffrent aujourd'hui par millions, cet amour-propre leur permet encore bien moins d'avouer ce besoin de se dépenser au dehors, de se soumettre à cette humiliante domesticité volontaire, de se démettre de la dignité d'enfant de Dieu pour endosser la livrée de ce despote à face changeante et multiple qu'on appelle le monde. Le fait est qu'il n'est grère flatteur pour un homme à caractère pour une femme digne, honnête et noble dans ses sentiments, de devenir des pantins ou des poupées qu'on habille et déshabille sans leur demander la permission, et qu'on fait mouvoir ou sauter à volonté.

Ce besoin de distractions malsaines pour l'âme et pour l'intelligence est un fait indiscutable, aussi bien que cet humiliant esclavage au monde, à la mode des classes élevées. Ce fait produit un nivellement dans les individus qui se soumettent pieds et poings liés à ce régime, ainsi qu'une association de cerveaux vides, de consciences embrouillées et malcontentes, d'âmes sans noblesse et de cœurs malades, d'esprits étroits et de caractères sans énergie. Souvent toutes ces misères se trouvent à la fois chez le moindain, pour en faire quelque chose qui n'a pas de nom auprès des âmes viriles et des intelligences éclairées, aussi bien qu'aux yeux de Dieu.

D'ailleurs, quand on n'a pas d'indépendance dans le caractère et qu'on n'aime pas rester seul avec soi, c'est qu'on se trouve maussade, ennuyeux et de mauvaise compagnie. Les gens qui vont à Lourdes pour y prier, y vivre ou mourir près de la grotte, en un mot « *les cléricaux* » pour généraliser le fait, auront toujours cette supériorité sur les mondains, c'est qu'ils n'ont qu'un maître : DIEU ; c'est qu'ils ne craignent que Lui ; c'est, enfin, qu'ils l'aiment plus qu'ils ne le craignent, comme je crois l'avoir déjà dit, car pour nous, cléricaux, il est moins un maître qu'un père.

CHAPITRE XII

Les conversions. — Le fils du banquier franc-maçon. — Le médecin et la marquise. — Le père de famille et le *crack* de l'*Union générale*. — L'homme qui *fait* de l'eau de Lourdes pour se guérir.

JUSQU'A présent, nous n'avons guère parlé que des faits en dehors des apparitions de la sainte Vierge — qui se passent au sanctuaire de Lourdes — faits de l'ordre religieux et de l'ordre purement naturel. Nous avons parlé des guérisons instantanées, des miracles et des conversions, mais nous n'avons pas cité des faits de guérison ou de conversion, c'est-à-dire des faits surnaturels passés sous mes yeux et de ceux dans lesquels j'ai joué, d'une manière, ou d'autre, un rôle quelconque.

Parmi ces derniers, j'ai cependant dit quelques mots de la conversion du vieux colonel, dont on a pu suivre les principales péripéties dans les fragments de conversations entendues en face de la grotte en 1885.

Sans doute, des raisons de discrétion, et peut-être plus encore des raisons d'occupations ont empêché les pères missionnaires d'écrire l'histoire des conversions dont ils sont les heureux instruments, ou qui, passées à Lourdes, parviennent à leur connaissance. C'est fâcheux, car cette histoire formerait un beau volume d'un grand intérêt, comme d'une grande utilité pour l'édification, la consolation des chrétiens, et une grande ressource pour les prédicateurs du mois de Marie. D'ailleurs, on en pourra juger par les faits suivants :

Une dame, femme d'un banquier incrédule et franc-maçon de Paris, pria son fils, jeune *crevé*, qui ne valait guère plus que son père, de l'accompagner aux eaux de Barèges, à l'époque du pèlerinage national. Le fils y consentit avec plaisir. — Seulement, lui dit sa mère, je voudrais m'arrêter à Lourdes pour y faire mes dévotions et voir le pèlerinage.

— Cela m'est égal, lui répondit-il, je verrai le pèlerinage et j'irai faire des courses dans la montagne, pendant que tu resteras à Lourdes.

Descendus à l'hôtel de ***, nos deux voyageurs n'entendaient guère parler, à la table d'hôte, où se trouvaient bien des brancardiers, que des guérisons opérées à la grotte. Au deuxième ou troisième repas, notre jeune homme, n'y tenant plus, dit à plusieurs brancardiers qui se trouvaient en face de lui :

— Messieurs, ce que vous dites m'étonne énormément. Par votre âge, votre distinction, votre éducation et votre situation dans le monde, vous ne pouvez être facilement trompés, vous n'avez aucun intérêt à tromper, et, cependant, vous parlez de miracles comme s'il s'en faisait encore et comme s'il s'en faisait beaucoup sous vos yeux. Je ne doute pas de vos paroles, et pourtant je voudrais bien en voir pour y croire. Serait-ce possible ?

— Non seulement possible, mais très facile, lui répondit une vieille moustache blanche, le marquis de ***. Si vous le permettez, je vous présenterai comme brancardier auxiliaire, et vous ferai mettre au service des piscines. Ce service, étant très pénible, ne dure que quelques heures, mais cela m'étonnerait bien que vous fussiez remplacé sans avoir vu quelque guérison.

Le lendemain soir, notre jeune homme ne vint à table que vers la fin du repas. Sur son ordre, les garçons de salle servirent du champagne à tous les convives, puis, après une courte conversation avec ses nouveaux amis, il se leva, prit son verre et dit :

— Messieurs, permettez-moi de boire à ma conversion et de prier pour qu'elle se maintienne.

Pendant que je baignais les malades, deux ont été guéris instantanément, pour ainsi dire dans mes bras.

Après mon service, je suis allé me confesser, et demain je renouvellerai ma première communion, ne m'étant encore approché de la sainte Table que cette seule fois-là.

« Je tenais à vous faire publiquement cette confession pour remercier publiquement le bon Dieu de m'avoir ouvert les yeux sur la vie que je menais, et sur celle que je ne menais pas, et que j'espère mener maintenant jusqu'à la fin de mes jours.

« Je tenais également à remercier la sainte Vierge du bonheur qu'elle vient de m'obtenir, ainsi que vous, Messieurs, puisque c'est vous qui m'avez introduit aux piscines, après m'avoir inspiré le désir d'assister à l'une de ces interventions miraculeuses de la divine Providence, en faveur de nos pauvres malades. »

A peine eut-il achevé son toast que sa mère vint, en pleurant de joie, se jeter dans ses bras. Elle le dévora de baisers, tout en versant d'abondantes larmes. Les brancardiers vinrent lui serrer la main. sans essayer de maîtriser leur émotion.

Le nouveau converti reçut avec un certain, mais joyeux étonnement, toutes ces marques de sympathie, ne se doutant pas le moins du monde qu'il venait de faire une profession de foi des plus touchantes, ainsi qu'un acte de modestie et d'humilité simple, admirable, en demandant des prières pour obtenir la persévérance dans ses sentiments chrétiens et de ses résolutions présentes. Ne pas se croire capable de persévérer dans le bien, sans le secours de prières autres que les siennes, c'est déjà s'attirer pour l'avenir toutes les complaisances divines.

VUE DU CHATEAU

Une autre conversion, arrivée le même jour que celle-ci, m'impressionna davantage, à cause d'un ensemble de faits qui s'y rattachaient.

Un homme, jadis religieux, entendant, à Bordeaux, prêcher un chanoine qui venait annuellement à Lourdes, et dont l'éloquence avait beaucoup d'admirateurs dans le Midi, fut révolté de ce que disait le prédicateur, dont sans doute il interpréta mal la pensée, et ne voulut plus remettre les pieds à l'église.

Après un grand nombre d'années, sa femme, bonne, aimante et très pieuse, obtint qu'il l'accompagnerait à Lourdes avec ses deux petits enfants, deux vrais chérubins de beauté, de candeur et de sagesse. Ce fut avec des larmes bien abondantes, qu'elle demanda à la sainte Vierge, la conversion de son mari. Comme celles de sainte Monique pour son fils, ses larmes furent écoutées.

Le Père de garde à la Grotte, en la voyant pleurer, finit par lui demander ce qu'elle avait

— O Père, répondit-elle, je suis ici depuis deux jours pour obtenir la conversion de mon mari ; je prie et fais prier, rien n'y fait. Puis elle lui raconta ce qui l'avait fait cesser d'aller à l'église.

— Comment ! lui dit le Père, vous avez deux petits anges à vos côtés, la meilleure des intentions, et vos prières ne sont pas exaucées ! Faites prier tout de suite vos enfants avec vous, pour la conversion de leur père, dites à votre mari de se rendre en haut des lacets, à trois heures, que je désire lui parler, et soyez sûre que le bon Dieu le fera confesser cet après-midi.

Tout fut fait comme c'était dit; seulement, le Père n'eut pas la peine d'employer aucune raison pour engager le pauvre récalcitrant à se confesser, car il le trouva n'hésitant presque plus à le faire; aussi se contenta-t-il de lui dire de ne jamais se laisser influencer par ce que disent les hommes.

La religion, étant divine, est indépendante de leurs faits et gestes; nous n'avons à nous occuper que de ce que le bon Dieu nous commande ou nous défend, et si les hommes disent ou font des bêtises, nous serions bien niais de nous rendre volontairement les victimes de leurs sottises.

Au mois d'août de cette même année, le docteur *** se convertit aussi facilement que ce père de famille dans les circonstances suivantes:

Miss Darney, sa sœur et son frère, curé d'une paroisse de Chicago, vinrent à Lourdes, demander un miracle, un vrai miracle, à la sainte Vierge.

A la suite d'une chute, miss Darney dut rester huit ans dans sa chambre ou dans son lit, souffrant horriblement de graves désordres intérieurs que les meilleurs médecins de New-York et de Washington déclaraient incurables. La faiblesse de la malade était telle, qu'elle n'avait pas même la force de se confesser. Cependant, le 15 août, malgré son frère et sa sœur, qui trouvaient le moment mal choisi pour se baigner, elle résolut de se confesser, de communier et d'aller ensuite se faire plonger dans la piscine.

On la roula dans sa petite voiture à bras, jusqu'à la sacristie de la crypte, où je ne pus lui donner l'absolution sacramentelle qu'environ au bout d'une demi-heure, sa faiblesse ne lui permettant pas d'articuler deux mots de suite, et presque inintelligibles.

Après avoir reçu la sainte communion, on la descendit aux piscines. Elle y fut baignée et guérie instantanément. Elle s'habilla sans vouloir être aidée de personne, monta les lacets à pied, entendit trois messes à genoux, s'en fut à l'hôtel, revint à la Basilique pour les vêpres et la procession, en un mot, fit à pied ce jour-là près de sept kilomètres sans la moindre fatigue. En outre, elle était myope à tel degré, que je n'avais encore rien vu de semblable aux lunettes qu'elle portait, et qu'elle déposait en se couchant le soir, sur sa table de nuit.

Le lendemain, quand elle voulut s'habiller, sa sœur lui dit d'attendre, qu'elle allait lui donner ses lunettes, ce qu'elle faisait tous les matins.

— Oh ! ce n'est pas nécessaire, répondit-elle ; je les vois.

Elle prit donc ses lunettes, se les mit, et s'écria tout à coup :

— Mary ! Mary ! je n'y vois pas du tout avec mes lunettes !

La sainte Vierge l'avait également guérie de sa myopie !

Cette guérison fit beaucoup de bruit à Lourdes, car les pèlerins voyaient cette jeune fille constamment, depuis quinze jours, conduite à la grotte par son frère et sa sœur. Tous se faisaient un bonheur de l'entourer et de lui faire raconter l'histoire de sa maladie et de sa double guérison. La marquise T... causait un jour avec elle, sur un banc de l'esplanade, et ne tarissait pas sur la bonté de Dieu qui, pour honorer et faire aimer sa mère, opérait tant de prodiges à ciel ouvert, c'est-à-dire publiquement.

Un médecin, qui se trouvait sur le même banc, leur dit d'un air narquois plutôt que mystérieux, en s'adressant plus spécialement à miss Darney :

— Si vous étiez mariée, je vous dirais bien ce que sont et comment se font ces mirales !

— Eh bien, monsieur, lui dit la marquise en se levant, moi je suis mariée, veuillez venir, en nous promenant, m'expliquer comment se font ces miracles ; mademoiselle attendra bien mon retour pendant quelques minutes.

— Mais, madame, reprit le docteur gêné d'être ainsi mis au pied du mur, je n'ai pas l'intention de blesser vos croyances.

— Pardon, monsieur, il ne s'agit pas de vos intentions, mais de vos explications que je désire avoir, car, ayant l'honneur de baigner les malades pauvres aux piscines, je serais très heureuse d'avoir l'explication des guérisons instantanées qui s'opèrent sous mes yeux et dans mes bras.

— Je vous assure, madame, que je ne voulais ni blesser vos convictions religieuses, ni nier les phénomènes qui se passent aux piscines...

— Tenez, monsieur, reprit la marquise en l'interrompant, je vois que vous êtes ennuyé d'avoir fait fausse route, et que vous ne me jugez plus assez idiote pour me faire croire que c'est l'imagination ou la surexcitation des nerfs qui peuvent guérir un abcès, qu'un peu d'eau froide peut instantanément enlever une tumeur, et que toutes les guérisons qui se font ici sont des choses naturelles. D'ailleurs cela prouverait ou que les médecins sont bien ignorants, puisqu'ils ne savent pas soulager les malades que des moyens si simples guérissent, ou qu'ils sont de bien vilains personnages, car, pour multiplier leurs honoraires et s'enrichir au dépens de ceux qui souffrent, ils ne guérissent pas leurs clients, tout en connaissant les moyens de les guérir.

— Oh ! madame, comme vous prenez la chose.

— Je la prends comme tous ceux à qui un peu d'intelligence, de franchise et de bonne foi ne fait pas prendre des vessies pour des lanternes ; tous ceux qui croient en Dieu savent qu'il peut tout et que sa bonté pour nous lui fait souvent nous accorder ce que nous lui demandons. Tenez, monsieur, au lieu de faire l'esprit fort, ce qui ne prend qu'avec les imbéciles et vous gênera beaucoup au moment de mourir, je vous engage à croire que vous êtes moins fort que le bon Dieu, que vous ferez bien d'aller vous confesser le plus tôt possible. Mon mari, le général T... le fait régulièrement, et son cœur, son esprit et son caractère ne s'en trouvent que mieux.

Chose qui peut paraître étrange à tous ceux qui ne savent pas ce qui se passe au sanctuaire de Lourdes, et la facilité tout à fait exceptionnelle et même merveilleuse avec laquelle s'opèrent les conversions les plus étonnantes dans ce lieu béni, le médecin rencontra la marquise le lendemain et lui dit :

— Madame, j'ai suivi votre conseil, hier je me suis confessé, ce matin j'ai fait mes Pâques, que je n'avais faites depuis dix ans, et je tenais à vous remercier avant de quitter Lourdes, car je suis bien heureux d'avoir suivi votre conseil.

Souvent, ces conversions ont lieu de la manière la plus inattendue, presque sans cause déterminante, et d'une manière tout à fait accidentelle. Qu'on me permette encore quelques traits à l'appui de ce fait.

Trois soldats de Tarbes plaisantaient grossièrement devant la Grotte, et se moquaient de ceux qui priaient. Un grand bel homme, à moustache grise, les approche et leur dit :

— Si vous n'aimez pas la prière, allez au cabaret, ou restez à la caserne ; ne venez pas déranger ceux qui prient pour les malheureux, et ne prouvez pas par votre mauvaise tenue, que vous n'avez pas plus de cœur que d'esprit militaire. »

Tous les trois se confessèrent dans la journée, et répondirent aux prières qui se firent à la Basilique dans l'après-midi ! Qui, quoi les y poussa ? Quelles réflexions firent-ils en si peu de temps ? Dieu seul le sait.

Une fois, me trouvant de garde à la crypte, un monsieur accompagné de sa femme et de cinq enfants dont le plus jeune pouvait avoir quatorze ans, me dit : Auriez-vous la bonté de confesser ma famille ?

— Volontiers, et comme vous en êtes le chef, je commencerai par vous.

— Oh ! non, merci, je suis trop vieux pour ça.

— Raison de plus ; plus on est vieux plus on est près de rendre ses comptes, et plus on a besoin d'être bien avec le bon Dieu qui doit nous juger.

— Oh ! je suis un honnête homme, et je n'ai jamais fait de mal à personne.

— Aussi, ce n'est pas comme honnête homme, mais comme chrétien qu'il vous jugera. De même, quand vous faites venir un tailleur chez vous, pour vous faire faire un habit, vous ne lui demandez pas s'il est honnête, mais s'il est bon tailleur, car c'est la seule chose qui vous intéresse.

— Tiens ! vous êtes drôle, vous. Puis, voyez-vous, voilà vingt-cinq ans, c'est-à-dire depuis mon mariage, que je ne me suis pas confessé, de sorte que je ne pourrai jamais m'en tirer.

— Tant mieux, ce sera le bon Dieu qui fera tout, soyez tranquille, vous vous en tirerez mieux que vous ne le pensez.

— Oh ! n'en parlons plus ; voyez-vous, on ne peut pas se confesser comme ça, à brûle-pourpoint, sans y avoir pensé. Où faut-il que ma famille aille se placer ?

— Tenez, entrez dans la sacristie, et je vais montrer mon confessional à votre famille.

Dans la sacristie, il ne fit presque plus de difficultés pour se mettre à genoux et se confesser. Dire la joie, le bonheur et la douce émotion de cette chère âme, quand tout fut fini, se serait impossible.

— Comment ! me disait-il, ce n'est que ça la confession, mais on se confesse tous les jours à quelqu'un, seulement pas de cette manière ; puis ça ne produit pas le même effet !

Je fus aussi touché de ses joyeux épanchements que de la bonté paternelle de Dieu qui lui rendit la vie chrétienne et ses célestes espérances, quand il y pensait le moins.

Une autre fois, une victime du crack de l'*Union générale*, ne pouvant pas me parler ailleurs qu'au confessionnal, où les pèlerins étaient nombreux, me dit : Mon père, je ne veux pas me confesser, mais j'ai besoin de vous raconter mon histoire. Je ne sais pourquoi, car vous ne pouvez rien dans mon affaire, mais j'ai la conviction que cela me fera du bien.

— Pourquoi ne voulez-vous pas vous confesser ?

— Pour bien des raisons : d'abord voilà dix ans que je ne l'ai pas fait ; ensuite, je respecte la religion partout où je la trouve, mais je suis un négociant, chef d'une grande maison de Paris, et je n'ai pas le temps de m'occuper d'autre chose que de mes affaires ; enfin, l'idée de me confesser ne m'est point encore venue à l'esprit, et c'est une chose trop grave pour ne pas s'y préparer sérieusement quand on veut la faire.

— C'est égal, faites le signe de la croix pour que le bon Dieu bénisse votre récit qui, sans vous en douter, pourrait être plutôt une confession qu'une simple narration.

Le crack de l'*Union générale* l'avait mis dans la nécessité de faire banqueroute. Les payements sur lesquels il comptait pour faire honneur à sa signature lui faisant défaut, il dut épuiser toutes ses ressources privées, et tout son crédit auprès de ses amis pour retarder la catastrophe.

Enfin, sa dernière espérance de salut qui reposait sur une créance de cent mille francs, s'évanouit lorsqu'on vint lui dire qu'elle n'avait pas été payée. Ne pouvant supporter l'idée d'être déshonoré par sa faillite, il résolut de se brûler la cervelle. Cette résolution prise, il l'écrivit à sa femme, mit la lettre sur son bureau, régla ses affaires domestiques, et partit dans l'intention de commettre son crime à sa campagne aux environs de Paris.

En passant devant l'église de la Trinité, pour aller à la gare Saint-Lazare, la pensée de s'arrêter un instant dans l'église, l'empoigna si fortement, qu'il ne put y résister. Il pleurait depuis longtemps à genoux devant le saint Sacrement, au souvenir de sa femme et de ses enfants, qu'il allait quitter pour toujours, lorsqu'il crut entendre une voix qui lui disait d'aller à Lourdes. Il le crut si bien que, se retournant et ne voyant personne dans l'église, il en fit le tour pour savoir d'où venait cette voix. L'église était complètement vide. Tout en cherchant, il se demandait ce qu'était Lourdes, dont il n'avait jamais entendu parler.

Lorsqu'il voulut continuer son chemin pour aller à la gare, il vit sa femme arriver de la Chaussée-d'Antin, qui lui dit :

— Je suis bien aise de te rencontrer, car X., un ami chargé de la liquidation, te cherche pour te dire que la créance de cent mille francs te sera payée certainement, mais qu'il voudrait bien que tu le laissasses tranquille, au moins une semaine, car ton désespoir le paralyse et trouble ses idées.

Comme il fait beau, tu ferais bien de te distraire en changeant d'air, va te promener dans les Pyrénées, du côté de Saint-Sauveur, et quand tu passeras par Lourdes, tu feras brûler un cierge à la Grotte pour remercier la sainte Vierge de venir à notre secours, et la prier de nous sauver de la faillite.

Au mot de Lourdes, il releva la tête, et demanda ce que c'était. En quelques mots, sa femme lui fit connaître ce qu'était ce sanctuaire. Bref, il y vint et fit brûler un gros cierge à la Grotte.

Quand il eut fini son récit, je lui fis quelques questions sur les commandements de Dieu, de l'Eglise, en un mot, je le confessai sérieusement, puis je lui dis : Maintenant, votre confession est faite et bien faite, il ne lui manque plus que le principal pour en faire un sacrement, et me permettre de vous donner l'absolution, c'est la contrition de vos fautes, et la bonne résolution de ne pas recommencer.

Mais avant de vous aider à vous inculquer ces sentiments, je voudrais savoir une chose. Vous avez laissé complètement le bon Dieu de côté pendant dix ans au moins, et voilà que pour vous faire revenir à lui, c'est-à-dire mener une vie chrétienne, il commence par vous ruiner en apparence, et porter à vos lèvres la coupe du déshonneur, mais sans la vider. Il vous laisse ensuite pour ainsi dire prendre en main le pistolet pour vous tuer, mais il ne permet pas que vous le portiez à votre front. Enfin, il vous fait venir à Lourdes, que vous ne connaissiez pas, vous y brûlez un cierge sans trop savoir pourquoi, sans savoir ce que cet acte signifie, et, finalement, vous vous confessez au moment où vous y pensez le moins, et sans le vouloir ! Vous m'avouerez que tout cela n'est guère naturel. Qu'avez-vous donc pu faire de bien, pour vous attirer une pareille intervention de la Providence dans vos affaires et votre vie intime ?

— Je n'en sais rien.

— Et bien, je vais vous le dire. D'après ce que vous m'avez raconté, je vois que le bon Dieu vous a récompensé, malgré votre longue indifférence pour lui, parce que vous avez respecté vos devoirs de chef de famille, et que vous les avez toujours accomplis scrupuleusement, en accompagnant à la messe, le dimanche, votre femme et vos enfants, en veillant à ce qu'ils fissent régulièrement leurs prières, et remplissent leurs devoirs religieux. Un père de famille est un représentant de Dieu, c'est un prêtre ayant charge d'âmes, c'est un symbole vivant de la Providence ; c'est pour avoir été fidèle à cette triple charge, à cette triple dignité, que le bon Dieu vous a donné la vie, l'honneur et la foi que vous alliez perdre à tout jamais.

Les événements, quels qu'ils soient, grands et petits, dans l'ordre social ou dans l'ordre privé, dans l'ordre physique ou dans l'ordre moral, sont toujours amenés par une volonté, c'est-à-dire par un esprit. Une parole dite, un fait qui s'accomplit, une lampe qui brille, une locomotive qui marche, tout provient d'un esprit, d'une volonté qui fait parler, agir, éclairer, marcher.

Deux esprits seuls mettent les hommes et les choses en mouvement : le bon Esprit, c'est-à-dire Dieu ; le mauvais esprit, c'est-à-dire le démon. Que ces deux esprits soient plus ou moins cachés dans les causes et les effets, cela ne signifie rien ; qu'on le veuille ou ne le veuille pas, ils existent, et il n'en existe pas un troisième qui ne soit ni bon ni mauvais, car Jésus a dit : *Celui qui n'est pas avec moi, est contre moi.*

De même que nous ne récompensons pas, que nous ne payons pas les gens qui ne travaillent pas pour nous, et, qui nous sont, je ne dis pas hostiles, mais étrangers, indifférents, aussi bons et honnêtes soient-ils, de même Dieu ne récompense pas, ne bénit pas les gens qui ne travaillent pas pour lui, pour le salut de leur âme, ne le mettent pas dans leurs affaires, lors même qu'ils ne lui sont pas hostiles, mais simplement indifférents, aussi bons et honnêtes soient-ils.

C'est du simple bon sens, et cela revient à dire que si le bon Dieu n'est pas dans nos affaires publiques ou privées, pour les faire réussir et les rendre bonnes, c'est que nous ne l'y mettons pas. Il faut l'y mettre pour avoir son secours, ses bénédictions, les lui demander pour l'obtenir, et que pour s'attirer ses bienfaits et ses bénédictions, il faut naturellement se soumettre à sa volonté divine qu'il nous a communiquée par ses commandements.

Comme père et chef de la grande famille humaine, il donne à tous les hommes les lumières et les grâces suffisantes pour être heureux en ce monde et dans l'autre, tout en leur laissant la liberté de ne lui demander et de ne vouloir ni ses lumières, ni ses grâces. Mais il est également très naturel que dans la répartition de ses dons et de ses secours, il comble d'abord de ses plus précieuses faveurs ses enfants qui l'aiment le plus, puis ses serviteurs qui le servent le mieux, et qu'il soit moins généreux pour ceux qui le méprisent, soit par leur hostilité, soit par leur indifférence.

Chacun de la sorte tisse la toile de sa propre destinée. Vivez chrétiennement, mettez Dieu dans vos affaires, et Dieu vous bénira. Vivez sans religion, c'est-à-dire sans faire ce que le bon Dieu vous commande de faire ou d'éviter ; alors ne le mettant pas dans vos affaires, le diable s'y met, et quand il y est, c'est le diable pour l'en faire sortir ! « Cherchez d'abord le royaume des cieux, a dit Jésus-Christ, et le reste vous sera donné par surcroît. »

La parole de Jésus-Christ s'accomplit toujours, et ses bienfaits ne font jamais défaut à ceux qui l'écoutent.

Quand j'eus fini ma petite morale, et que ce bon négociant sortit du confessional, il pleurait de joie, promit de s'approcher tous les mois des sacrements comme le faisaient sa femme et ses enfants, et repartit pour Paris avec la conviction que désormais ses affaires marcheraient mieux que jamais.

Un fait bien plus remarquable encore que celui-ci, fait où la conversion ne tient aucune place, puisque la personne dont nous allons parler, se remit simplement à prier et à fréquenter les sacrements, plutôt négligés que méprisés, mais où la foi nous montre un phénomène religieux, comme Lourdes n'en a jamais vu de semblable.

Un de mes plus anciens amis, le baron D., causait un jour avec moi sur le naturel et le surnaturel des faits passés à Lourdes. Le baron était avant tout un homme du monde; cependant, il remplissait régulièrement ses devoirs de chrétien, et les faisait remplir à ses domestiques. Je fus néanmoins surpris de lui voir témoigner une grande confiance en Notre-Dame de Lourdes, car, tout en croyant aux faits surnaturels, il les discutait généralement beaucoup avant de les admettre. Il fit bientôt cesser ma surprise, en me montrant que sa confiance était basée sur une double guérison qu'il me raconta dans les termes suivants :

— « Marthe, me dit-il, en parlant de sa fille, se

mourait d'une fièvre typhoïde de la pire espèce. Un des meilleurs médecins de Montpellier, vieil ami de la famille, ne venait plus la voir que par amour pour nous. Ma femme et moi nous passions alternativement la nuit auprès du lit de la mourante. Un soir que c'était à mon tour à la veiller, le médecin arriva vers les neuf heures, et me dit après avoir longtemps examiné Marthe :

— « Vous pouvez appeler la baronne pour qu'elle embrasse encore une fois sa fille, car la pauvre enfant n'a plus que quelques heures à vivre... peut-être moins.

« Le médecin parti, j'allai chercher ma femme. Tous les deux, nous nous assîmes de chaque côté du lit de Marthe, et chacun lui prenant une main, nous ne cessions de pleurer et de l'arroser de larmes. Vers minuit, l'agonie fit place à ce calme plat, précurseur de la mort, et que vous avez dû souvent remarquer en soignant les mourants. Peu de temps après, Marthe parut se réveiller d'un long sommeil, et me dit d'une voix douce et claire qui n'avait rien de commun avec celle d'une agonisante :

— « Papa, ce ne sera pas Notre-Dame de Fourvière, à qui tu m'as recommandée, qui me guérira, mais Notre-Dame de Lourdes, que maman fait prier pour moi. C'est elle qui me guérira dans quatre jours ; mais ce n'est qu'à Lourdes où ma guérison s'achèvera. J'ai vu Notre-Dame de Lourdes ; je l'ai reconnue à sa ceinture bleue, et c'est elle qui m'a dit tout cela.

« Jugez un peu de notre étonnement, car ce qu'elle disait était parfaitement exact. Comme je connaissais beaucoup Lyon, l'idée m'était venue de recommander Marthe à Notre-Dame de Fourvière, sans le dire à personne. De son côté, ma femme priait et faisait prier Notre-Dame de Lourdes pour sa fille, et ne me l'avait point dit. Nous étions dans la nuit du 31 octobre. Quand le docteur vint dans la matinée s'informer de l'heure à laquelle Marthe était morte, il ne lui trouva pas même de la fièvre ; aussi, fit-il la plus étrange figure qu'on puisse imaginer en constatant ce fait.

Le 4 novembre, jour de la fête de sa mère, la malade se leva guérie, et, l'été suivant, nous allâmes tous à Lourdes remercier la sainte Vierge de cette guérison qui ne fut, en effet, complète qu'après ce voyage.

« Vous devez comprendre qu'après cette guérison, j'avais la plus entière confiance en l'intercession de Notre-Dame de Lourdes ; aussi, lorsque je revins à Saint-Georges, j'engageai l'un de mes valets de ferme, dont la figure était rongée par un chancre, à recourir à Celle qui venait de guérir ma fille. Pour l'engager à le faire, je lui racontai l'histoire bien courte et bien simple, du reste, de cette guérison miraculeuse.

« Depuis dix ans, ce pauvre homme avait le visage dévoré par cette affreuse affection que je viens de nommer. Il laissait croître sa barbe pour dissimuler les ravages de sa maladie, mais la barbe elle-même était rongée dans sa racine, à plusieurs endroits. Je l'avais envoyé consulter les médecins d'Avignon et de Montpellier, mais aucun ne put enrayer la marche du chancre qui commençait à s'approcher des yeux. Voyant que les remèdes étaient impuissants à le guérir, il n'en faisait déjà plus depuis quelques temps. Il attendait dans une morne tristesse, et presque avec impatience, que la mort vînt le délivrer de ses maux, car il la redoutait moins que la perte de la vue.

— « Fais une neuvaine à Notre-Dame de Lourdes, lui dis-je, elle te guérira.

— « Une neuvaine! répondit-il, qu'est-ce que c'est que ça?

— « C'est une prière de ton choix que tu diras pendant neuf jours, pour que la sainte Vierge te guérisses ; puis tu boiras de l'eau de la source miraculeuse, et tu t'en laveras le visage.

— « Eh bien! Monsieur le baron, veuillez m'en donner et je commencerai ce soir.

— « Je n'en ai plus, mais je vais écrire pour qu'on m'en envoie de suite.

« Douze jours après cette conversation, que j'abrège, il vint au château demander à me parler. Il était rasé ; la peau de son visage, fraîche et lisse, n'offrait aucune trace de son ancienne maladie, et la joie la plus franche rayonnait sur sa figure ordinairement morne, sombre et cadavéreuse. Ne le reconnaissant pas, je lui demandai ce qu'il voulait.

— « Mais, Monsieur le baron, je viens vous dire que je suis guéri.

— « Guéri de quoi ?

— « De mon chancre.

— « Ah ! c'est toi ! Qui donc t'a guéri ?

— « La neuvaine !

— « Comment la neuvaine ? Que veux-tu dire ?

— « Vous m'avez dit de faire une neuvaine à Notre-Dame de Lourdes, pour qu'elle me guérisse; je l'ai faite, j'en ai même fait deux, puisque j'ai prié, j'ai bu et me suis lavé la figure avec de l'eau de Lourdes deux fois par jour, c'est-à-dire matin et soir.

— « Mais je n'ai pas encore reçu l'eau !

— « Oh ! ça ne fait rien, j'en ai fait.

— « Comment, tu as fait de l'eau de Lourdes ?

— « Oui, Monsieur le baron. Je me suis dit : ce n'est pas l'eau qui guérit, puisque c'est simplement de l'eau claire, mais la bonne Vierge. Un colporteur passa par le village, le surlendemain du jour où vous me dites de faire une neuvaine ; il vendait du fil, des aiguilles, des boutons, des miroirs, des croix, des chapelets, des médailles et bien d'autres choses. Je lui demandai s'il avait des médailles de Notre-Dame de Lourdes, et comme il me répondit oui, j'en achetai une que je fis bénir par M. le Curé. Soir et matin, je mettais la médaille bénite dans un verre d'eau; puis, après avoir récité les prières de la neuvaine, je buvais la moitié du verre et me lavais avec l'autre moitié.

« Je ne sais pourquoi, mais chaque fois que je buvais et me lavais, je sentais que vous m'aviez donné le bon remède. Chaque jour aussi, je priais la bonne Mère avec plus de confiance, et les prières semblaient me faire autant de plaisir que de bien, quoique depuis bien des années je ne priasse plus.

« Ce matin, en me levant, le chancre disparut. Pour m'assurer que je ne rêvais pas, je me coupai la barbe et me rasai; ma figure n'avait plus rien, elle était comme celle de tout le monde. Jugez un peu si je fus heureux de me voir réellement guéri; j'en avais des larmes de joie dans les yeux. Je voulais accourir de suite pour vous raconter tout cela; mais, puisque les neuvaines font tant de plaisir à la sainte Vierge, j'ai pensé que ce serait mieux, avant tout, d'en commencer une autre pour la remercier et lui demander la force de devenir un bon chrétien; c'est à l'église que je l'ai commencée, puis je suis venu.

— « Quelle foi simple, naïve et grande, tout à la fois ! me dit le baron, après m'avoir raconté cette touchante histoire. Jamais, à nous, il ne nous viendrait à l'idée de *faire* de l'eau de Lourdes, et l'idée nous viendrait-elle, que la foi nous manquerait pour avoir confiance dans cette eau.

« De toutes les guérisons miraculeuses opérées par l'intercession de la sainte Vierge, on en voit, peut-être, de plus éclatantes et de plus merveilleuses, mais je n'en connais pas qui m'ait autant touché, surpris, ému que celle de ce pauvre homme. Aussi, maintenant, je ne suis plus incrédule sur ce chapitre et ne m'étonne plus du nombre ni de l'étrangeté des guérisons qui se font par Notre-Dame de Lourdes, partout où l'on implore son secours. »

VUE DE L'ABRI

CHAPITRE XIII

Départ des pèlerins. — Ceux qui guérissent et ceux qui ne guérissent pas. — La jeune fille au cercueil. — Les cinq Hongroises. — La voisine de Mme D.

Le départ des grands pèlerinages, après un séjour à Lourdes de trois ou quatre jours, est encore un des spectacles les plus attendrissants qu'on puisse voir. La plupart des pèlerins ne peuvent s'arracher de la Grotte sans verser des larmes de regrets, et sans prier jusqu'à la dernière minute. C'est alors que se manifestent de la manière la plus évidente, les deux phénomènes religieux dont j'ai parlé : celui de cette atmosphère indéfinissable et surnaturelle qui règne sur tout le territoire de la grotte, et celui de ce sentiment intime, quoique plus ou moins inconscient, que nous sommes vraiment les enfants de Dieu, de Marie, et que le lieu des apparitions est comme une propriété paternelle, un pied-à-terre où le bon Père de famille, où la bonne Mère daignent dispenser leurs bienfaits à leurs enfants, en attendant leur éternelle réunion dans la Jérusalem céleste.

Souvent on voit les pèlerins qui restent pleurer en voyant partir ceux qui retournent au foyer. Ce fait est même assez commun, quand deux pèlerinages, arrivés l'un après l'autre, se sont plus ou moins mélangés pendant les cérémonies religieuses. A Lourdes, les membres de la grande famille chrétienne ne sont point divisés par les questions de clocher, et quand des frères partent, la séparation ne se fait pas sans quelque déchirement, tant est grande, aux pieds de Marie, la charité qui les unit, et qui prélude à celle qui ne doit plus finir.

Pour les pèlerinages de la Bretagne et celui de l'Alsace-Lorraine aussi, si je ne me trompe, après les adieux faits à la grotte, celui qui porte la bannière nationale se met au bas des lacets, et les pèlerins, en montant à la Basilique, baisent leur bannière en passant. Cette cérémonie touchante est une de ces mille preuves que le sentiment religieux développe le sentiment national, et que le degré de patriotisme est en raison du degré de foi religieuse dans le cœur de l'homme.

La bannière de l'Alsace-Lorraine, toujours voilée d'un crêpe, ne flotte jamais dans les processions de Lourdes sans attendrir bien des cœurs et mouiller bien des yeux.

A mesure que les trains emportent malades et pèlerins, les voix qui prient ou chantent à la grotte diminuent, s'affaiblissent de plus en plus, finissent par s'éteindre tout à fait, et laissent seuls les oiseaux gazouiller et le Gave murmurer devant la Vierge et son rocher.

Tous les malades qui viennent à Lourdes demander leur guérison ne sont pas guéris, tant s'en faut, et l'on comprend facilement les raisons pour lesquelles la Providence n'exauce pas toutes les prières qui lui sont faites pour obtenir des miracles. La guérison n'est même pas toujours instantanée, car, c'est triste à dire, mais c'est un fait très commun, le bon Dieu ne peut pas nous faire tout le bien qu'il voudrait, parce que l'homme tourne souvent contre lui-même et contre Dieu les bienfaits qu'il en reçoit.

Peu de malades pourraient supporter leur guérison miraculeuse, sans que l'amour-propre et l'orgueil viennent, tôt ou tard, souiller leur âme, et, pour ne pas les rendre ingrats ou vaniteux, le bon Dieu se voit obligé de leur ménager ses bienfaits petit à petit, c'est-à-dire de ne leur accorder la guérison qu'après une amélioration progressive, tantôt lente, tantôt rapide. Cependant, ce genre de guérison a lieu parfois simplement pour éprouver la foi du malade, sa persévérance dans la prière, et sa confiance en Dieu.

C'est ainsi qu'on a vu des malades guérir soit chez eux, après leur retour de Lourdes, soit même en chemin de fer. Quand les miraculés ne s'enorgueillissent point de leurs guérisons, leurs parents et leurs amis les admirent, en parlent à tort et à travers, et sont la cause de bien des misères morales qui font restreindre les générosités paternelles de Dieu. Je ne voudrais pas affirmer que le nombre des guérisons est environ de cinq à dix pour cent, mais, par l'ensemble des faits qui se passent à Lourdes, on peut affirmer que ce nombre, parfois dépassé, le serait davantage, sans les misères dont je viens de parler.

En outre, indépendamment des vues secrètes de la Providence qui, par la guérison des corps, veut celle des âmes, et connaît quels en seront les résultats spirituels, la foi, les dispositions et les sentiments religieux du malade sont la grande cheville ouvrière des guérisons.

Après une étude psychologique sérieuse des malades et de leur entourage, un examen minutieux des faits, et l'expérience de quelques années, si l'on ne peut pas certifier que telle personne sera guérie, on peut certainement connaître celles qui ne le seront pas.

Ainsi, je me rappelle d'un Américain, atteint d'une maladie de la moelle épinière, qui ne voulut jamais se laisser faire des applications de l'eau de la grotte sur l'épine dorsale, parce que, disait-il, le froid lui faisait mal. Je finis par dire à sa famille qu'elle pouvait le ramener en Amérique, parce qu'il ne serait pas guéri, vu ses dispositions. Il consentit enfin, à faire ces applications, mais en faisant chauffer l'eau miraculeuse avant de s'en servir. Il repartit sans être guéri. L'année suivante des Américains m'affirmèrent l'avoir vu se promener dans New-York, mais ils ne purent me donner aucun détail sur sa guérison ou l'amélioration qui lui permettait de marcher.

Une malade, très douillette, craignant le chaud et le froid, vint à Lourdes, pensant qu'un bain dans les piscines la guérirait.

— Surtout, dit-elle à la directrice des piscines, recommandez bien que le bain ne soit pas trop chaud.

— Soyez tranquille, lui répondit la spirituelle directrice, en souriant, la sainte Vierge a tout à fait oublié de chauffer l'eau.

Evidemment, cette recommandation était un indice que la malade ne serait pas guérie. Ces gens-là ne guérissent jamais.

D'autre part, trois femmes descendirent un jour du train pour venir à la grotte demander leur guérison. L'une d'elles dit à celle qui la suivait : — Nous ferions bien de demander à la sainte Vierge que si l'une de nous trois doit être guérie, ce soit cette pauvre femme qui se trouvait dans notre compartiment, elle a des enfants, elle est veuve et n'a que son travail pour vivre. Sacrifions-nous pour elle, la sainte Vierge trouvera bien le moyen de nous en dédommager.

Quand on a l'habitude de ces faits, il était presque évident que si l'une de ces trois femmes devait être guérie à la Grotte, ce serait celle qui se sacrifiait, et recommandait à sa compagne le même sacrifice en faveur de la veuve. En effet, elle fut guérie dans la piscine.

Les deux autres l'ont-elles été plus tard ? je n'en sais rien ; mais ce que je sais, c'est qu'à part ceux qui veulent absolument imposer à Dieu leur volonté, les pèlerins malades ou bien portants ne quittent jamais Lourdes les mains vides, c'est-à-dire sans quelque grâce de joie ou de résignation qu'ils n'avaient pas en arrivant. Il me souvient même, à ce propos, d'un jeune aveugle qui me dit en s'en allant : — Je ne suis pas guéri, mais j'éprouve intérieurement une si grande joie, que je ne serais pas plus heureux si la vue m'était rendue.

Citons quelques autres faits de ce genre, et parmi ceux qui m'impressionnèrent le plus, celui de miss Hannie Prendergast, née de parents irlandais établis à Chicago, dans l'Etat de l'Illinois, depuis vingt-huit ans. Miss Hannie venait d'être fiancée, lorsqu'une phtisie tuberculeuse, dont les premiers symptômes existaient déjà, se révéla tout à coup, et lui fit garder la chambre ou le lit pendant plusieurs années. Son père, son frère, premier magistrat de la ville, et l'une de ses cousines lui prodiguèrent les soins les plus assidus, et la mirent entre les mains des médecins les plus distingués des Etats-Unis.

La science se déclara bientôt impuissante à paralyser les progrès de la maladie, et miss Hannie, quoique alitée depuis sept mois, témoigna le désir de venir à Lourdes demander sa guérison à la bonne Mère. Ce désir naquit en elle en écoutant le récit de la guérison de son amie, miss Johanna Darney, dont il est question dans le chapitre précédent.

Les médecins voulurent s'opposer à ce long voyage, qu'ils traitèrent d'insensé, déclarant que la malade n'arriverait pas vivante en France. Sur les instances de la jeune fille, son père pria une de ses cousines de les accompagner, et tous les trois se mirent en route dans le courant du mois d'octobre.

Avant de quitter New-York, M. Prendergast, pensant que sa fille succomberait pendant la traversée, et ne voulant pas qu'elle fût mangée par les requins lorsqu'on jetterait à la mer son cadavre cousu dans un sac, eut l'étrange idée d'acheter un cercueil pour l'y renfermer. Miss Hannie ne mourut pas, et le cercueil fut laissé à Liverpool dans les magasins de la compagnie des Paquebots transatlantiques.

Les voyageurs arrivèrent à Lourdes le 22 octobre au soir, et commencèrent aussitôt une neuvaine de prières pour la malade. Le lendemain, par une pluie battante et par un froid glacial, miss Hannie fut transportée en voiture à la grotte.

Quoiqu'elle eût une fièvre ardente et que le médecin fût absent, elle voulut absolument être plongée dans la piscine. Son pouls battait à raison de cent vingt-cinq pulsations à la minute !

— La sainte Vierge, lui dit-on pour l'empêcher de commettre cette imprudence, n'a pas dit de se baigner, mais de se laver.

— A Chicago, répondit-elle, je me suis souvent lavé la poitrine avec l'eau miraculeuse. Je n'ai pas fait *onze mille* kilomètres, simplement pour continuer mes lotions. Puisque je suis ici, je veux être baignée. Plus l'eau sera froide, mieux cela me permettra de faire pénitence.

— « Elle est très mortifiée, nous dit sa cousine, et malgré son état elle observe l'abstinence du vendredi. »

M. Prendergast étant du même avis, et prenant sur lui toute responsabilité, la malade fut plongée dans la piscine. En sortant de l'eau, elle se crut guérie, et se rendit à la Grotte où l'on priait pour elle, afin de remercier la sainte Vierge. De grosses larmes coulaient le long de ses joues pâles et amaigries. Elle resta longtemps à genoux. Il lui semblait avoir recouvré la santé. Hélas ! ce n'était qu'une illusion ; son dos, déchiré dans la région de la colonne vertébrale, était seul guéri.

Tous les jours de son pèlerinage, mis Hannie vint régulièrement prier à la Grotte. Sa jeunesse, l'altération de ses traits, excitaient les sympathies des pèlerins qui sollicitaient sa guérison. Mais le mal ne disparut pas.

Tous étaient édifiés par sa foi, sa piété, son énergie, et quelques-uns disaient : « Voilà une jeune fille mourante qui ne craint pas de traverser la mer pendant la saison des tempêtes, et qui fait onze mille kilomètres à côté de son cercueil, pour témoigner sa confiance à la sainte Vierge. Et combien de chrétiens manquent aux offices du dimanche parce qu'il pleut, qu'ils sont éloignés de l'église, ou qu'ils craignent de s'enrhumer ! Oh ! combien l'exemple de cette jeune Américaine ne doit-il pas faire trembler ces natures molles, endormies, sensuelles, qui lésinent toujours dans l'accomplissement de leurs devoirs, craignent de trop faire pour leur Dieu, pour leur âme, et se dispensent si facilement des préceptes religieux les plus élémentaires ? »

Miss Hannie repartit triste, mais parfaitement résignée, dix-huit jours après son arrivée.

Nous allons revoir la vieille patrie, avant de nous embarquer pour l'Amérique, me dit-elle, et je vous écrirai de l'Irlande comment je vais. Ce ne fut pas elle, mais son père qui m'écrivit pour m'annoncer sa mort, arrivée le 21 décembre. Le cercueil est peut-être encore à Liverpool !

Une autre déception qui mérite également d'être racontée, surtout à cause des circonstances qui l'accompagnèrent, est celle de Marie Palinkas, jeune fille de Kachan, province hongroise, âgée de vingt-trois ans, aveugle depuis sept ans, et très pauvre.

Dès qu'elle eut perdu la vue, la pensée d'aller à Lourdes devint pour elle une idée fixe : « Si je vais à Lourdes, disait-elle, je recouvrerai la vue. »

Quand elle en parlait à son confesseur, celui-ci lui répondait en souriant : C'est tout à fait impossible. » — Et pourtant, me voici, nous disait-elle avec un petit sourire doux et malin.

La pensée de Lourdes revenant toujours, il fallait découvrir une compagne qui consentît à se dévouer pour la conduire. Maria Palaz, jeune fille de 25 ans, qu'elle s'efforça de gagner, lui opposait avec raison son état maladif. « Le voyage vous fera du bien », répondait l'aveugle. De fait, Maria Palaz se trouva beaucoup mieux après le départ.

La décision prise, les préparatifs n'étaient pas longs ; on irait nu-pieds, avec les effets qu'on porterait sur soi, et avec dix florins pour tout pécule, en s'abandonnant à la divine Providence. Cela se passait au commencement de mars 1885. La première station notable fut en Silésie, dans un sanctuaire de la sainte Vierge. De là, sur les conseils d'un prêtre hongrois, nos jeunes marcheuses se dirigèrent vers Rome.

On devine les mille péripéties qui les arrêtèrent à chaque pas. Ne connaissant pas la langue des pays traversés, elles ne pouvaient que répéter les noms de quelques villes importantes qu'on leur avait indiquées comme point de repaire. Elles tendaient la main, faisaient signe qu'on leur donnât à manger, et se nourrissaient d'un peu de pain avec quelques pommes de terre. Ce n'est pas sans danger pour leur innocence qu'elles prenaient quelques repos à la belle étoile; mais leurs bons anges les protégèrent, comme on le lit dans les vies des saintes Agnès, Agathe et tant d'autres.

Elles arrivèrent enfin dans la Ville Eternelle et furent reçues par le Vicaire de Jésus-Christ. Léon XIII, le père des pauvres, comme le divin Maître, leur fit l'honneur de les admettre à sa messe. Il leur distribua des médailles, ordonna qu'on leur procurât des souliers, qu'on les accompagnât dans les sanctuaires de Rome, et sourit d'approbation en apprenant qu'elles allaient en pèlerinage à Lourdes.

La bénédiction du Saint-Père avait doublé leur courage; il leur semblait que tout irait désormais comme sur des roulettes. Effectivement, l'offre leur fut faite plusieurs fois gracieusement de couvrir leurs frais de voyage en chemin de fer; mais elles refusèrent, ne voulant pas manquer à leur vœu. Au lieu des vexations subies jusque-là, on les accueillit avec bonté dans les villes et les campagnes. Quinze jours après, leur surprise fut extrême en entendant un chant dans le dialecte de leur patrie. C'étaient trois autres Hongroises, âgées de 47, 51 et 61 ans, toutes les trois veuves, et qui venaient aussi à Lourdes, habituellement à pied, et quelques fois en chemin de fer. La petite troupe, composée désormais de cinq membres, ne se sépara plus.

Samedi, 18 juillet, elle traversait Lourdes, sans se douter que le terme tant désiré était atteint. En entendant ce nom magique, Lourdes, qui dut résonner à leurs oreilles comme celui de Jérusalem à l'oreille des croisés, elle pleurèrent d'émotion. On les vit faire nu-pieds et à genoux le tour du sanctuaire, en chantant le Rosaire dans un rythme langoureux et doux, les mains tendues vers l'image de la Madone. Il n'est aucun endroit, marqué par un pieux souvenir, qu'elles n'aient baisé avec respect. Les pèlerins ou touristes, qui les ont suivies dans leurs religieuses stations, éprouvèrent une impression profonde en voyant leur tenue modeste et leur grande piété. L'émotion a gagné NN. SS. les Evêques eux-mêmes qui se trouvaient alors à Lourdes, et voulurent les bénir et prier pour la guérison de l'aveugle.

Obtiendra-t-elle cette faveur ? C'est le secret de la sainte Vierge. Jusqu'au jour de leur départ Maria Palenkas n'eut qu'une très légère amélioration ; elle éprouvait une certaine sensation, quand un objet était placé devant ses yeux, mais elle n'en distinguait ni la forme ni la couleur.

Les autres Hongroises, ne parlant pas comme elle l'allemand, étaient un peu tristes d'être privées de la communion. Au moment où il fallait se résoudre à les confesser par interprète, leur peine s'est changée en joie. Un abbé mitré et un directeur de séminaire, en Hongrie, arrivèrent juste à point pour les entendre dans leur langue.

Que d'enseignements pratiques ressortent de ce pèlerinage extraordinaire ! Il faut que la Vierge Immaculée ait des tendresses spéciales pour ces âmes simples et bonnes qui se sentent attirées de si loin par d'irrésistibles attraits ! A la pensée de ces cinq mois de jeûnes, de privations et de marches écrasantes, que dire aussi de ceux qui se refusent à toute mortification, et murmurent contre les observances si bénignes de la sainte Eglise ?

N'ayant absolument rien pour donner à la sainte Vierge, en *ex-voto*, quand elles quittèrent Lourdes, elles se coupèrent les cheveux, en firent des tresses, cachant les ajoutures par des roses en papier, et les mirent dans un petit cadre noir, dont on leur fit cadeau. Ce touchant *ex-voto* fut placé dans la chapelle du chœur, voisine de la sacristie.

Après quinze jours de prières ferventes, elles quittèrent Lourdes en pleurant du chagrin que leur causait leur séparation du sanctuaire béni de la Vierge Immaculée. Maria Palinkas, quoique non guérie, était heureuse d'être venue, heureuse d'éprouver des joies intimes dont son âme était inondée et qui valaient plus, disait-elle que sa guérison !

Comme elles éprouvaient un désir ardent de voir encore une fois le Saint-Père, et de recevoir une dernière fois sa bénédiction avant de retourner en Hongrie, je fis une quête pour leur permettre d'aller à Rome en chemin de fer. Bien des personnes les accompagnèrent à la gare, et pleurèrent avec elle en les quittant. Oh ! comme la charité, chez les vrais catholiques, lie vite les âmes, et leur fait accomplir ce beau précepte évangélique qui faisait des premiers chrétiens une seule famille, n'ayant qu'un cœur et qu'une âme « *cor unum et anima una* ».

Peu de temps après leur départ, je reçus de Monsieur le Recteur de l'hospice teutonique, à Rome, une lettre dont voici quelques extraits :

« Les pèlerines hongroises sont arrivées, pleines de joie et de confiance. Mais la faveur qu'elles sollicitaient, était difficile à obtenir. N'importe : elles n'ont pas perdu confiance. Après quelques démarches faites en leur faveur, Léon XIII a daigné accorder une audience toute privée, tout exceptionnelle à ces femmes pauvres des biens de ce monde, mais riches de foi, de mortification, d'amour pour la religion et pour le Vicaire de Jésus-Christ. C'était la veille de l'Assomption, vers cinq heures du soir. Vous auriez dû voir comme elles étaient heureuses, comme des larmes de joie coulaient de leurs yeux ! Et Sa Sainteté, avec une affabilité plus que paternelle, s'est enquise minutieusement de leur voyage, de leur arrivée à Lourdes. Elle a daigné même accepter un numéro du *Journal de Lourdes*, dans lequel se trouvaient les détails de leur séjour à la Grotte.

Puis, venant à parler de l'amélioration obtenue par l'aveugle Maria Palinkas, le Saint-Père a ajouté :

« Ainsi, un peu mieux! Bien! Le bon Dieu ne fait jamais de miracles, quand ils ne sont pas nécessaires pour sa gloire et le bien des âmes! »

« Il a gratifié ensuite les pèlerines d'une aumône destinée à faciliter leur retour en Hongrie. Mais pauvre lui-même, et n'ayant pas en ce moment sous la main assez d'argent, il a fait parvenir en outre une somme plus importante aux pauvres voyageuses. Telle est la sollicitude de Léon XIII pour tous les pauvres de l'univers chrétien, qu'il voudrait soulager autant qu'il est en son pouvoir. »

« L'occasion de se confesser s'est présentée pour les pèlerines à Rome, comme à Lourdes, et cela par un pur effet du hasard, s'il est permis de parler du hasard, mot tout à fait vide de sens.

« Un prêtre hongrois venait d'arriver justement à Rome pour quelques jours. Comme il était présent à l'audience avec les cinq étrangères, le Saint-Père donna aussitôt à ce prêtre les pouvoirs nécessaires pour les entendre en confession. Ce fut dans l'église de Saint-Pierre même qu'elles se confessèrent, et le lendemain, elles reçurent la sainte communion ».

« Une nouvelle épreuve les attendait, avant de reprendre le chemin de leur patrie

« Grâce aux libéralités du Pape et aux aumônes de quelques personnes charitables, les Hongroises étaient prêtes à partir. Elles se sont donc mises en route dans la direction de la gare, et, ignorantes, inexpérimentées, comme ces pauvres gens le sont d'ordinaire, elles ont confié leur argent à un inconnu, qui, sous des dehors honnêtes, leur avait offert ses services, pour aller changer leur argent, prendre leurs billets, etc. ; mais, en réalité, ce n'était qu'un escroc, Trop tard elles s'aperçurent que leur faux bonhomme n'apparaissait plus.

« Elles étaient donc de nouveau réduites à la plus extrême misère. Mais le bon Dieu n'abandonne pas les siens. Un prêtre hongrois, le même à qui le Saint-Père avait donné le pouvoir de confesser ses cinq compatriotes, allait partir avec elles ; mais en apprenant de leur bouche le vol dont elles venaient d'être les victimes, il se chargea de les conduire au consul autrichien pour lequel je leur avais donné une lettre de recommandation. Celui-ci se montra généreux, et procura aux pèlerines un billet de retour jusqu'aux frontières de leur pays. Les malheureuses avaient perdu leur argent, et voilà, que par la bienveillance du consul, elles ont obtenu un billet, qui les a portées trois fois plus loin que ne l'aurait fait celui qu'elles auraient pu se procurer avec toutes leurs ressources réunies.

« Arrivées dans leur pays, la population voulut leur faire une belle réception. Mille hommes allèrent à leur rencontre croix et bannières en tête, jusqu'à trois mille de la ville, tandis que les femmes attendaient en priant dans l'église, puis ils revinrent avec elles à l'église, en procession, *marchant à genoux*, et chantant des cantiques. Un religieux franciscain qui les accompagnait leur fit un sermon des plus touchants sur les beautés de la religion, et termina la cérémonie par la bénédiction du saint Sacrement. »

Ces faits se passent de commentaires, et sont bien instructifs pour les chrétiens qui n'ont pas perdu la foi, car ils leur montrent ce que la foi, la charité, les sentiments chrétiens peuvent produire lorsqu'ils ne sont pas une lettre morte, mais une réalité.

La dernière grâce de résignation que je désire citer, est d'un tout autre genre, plus merveilleux que le précédent et d'un ordre tout à fait surnaturel sinon dans sa cause, qui pourrait être une sorte d'hallucination nerveuse, du moins dans son effet. Quoi qu'il en soit, voici le fait. Il s'agit d'une Américaine qui me confia pareillement la direction de sa conscience et celle de sa fille, pendant trois semaines environ. Elle s'appelait Eléonore D., jeune encore, et d'une grande distinction, elle était mère de cinq enfants. Sa fille Marian, agée de dix-huit ans, avec ses grands yeux bleus, sa figure angélique et son béret rouge, avait été comme elle vite remarquée dans la récente avalanche d'invalides tombée sur Lourdes au mois d'août.

Sans aucune cause connue, Marian, à l'âge de deux ans, fut subitement paralysée des deux jambes. Après avoir vainement épuisé toutes les ressources de l'art, Eléonore D. résolut d'amener sa fille à Lourdes, et d'implorer pour elle la miséricorde de la Sainte Vierge, au sanctuaire même de Massabielle.

Son mari, sa famille et ses amis, étant tous protestants, s'opposaient à ce voyage et le tournaient en ridicule. Non seulement elle ne se laissa pas décourager par l'opposition des uns et les sarcasmes des autres, mais, pendant douze ans, elle mit à profit son talent de peintre, pour amasser l'argent nécessaire à ce long voyage.

Le 3 août 1887, elle arrivait à la Crypte, traînant, dans une petite voiture à bras, sa fille paralysée depuis seize ans. La mère et la fille avaient l'intime conviction que, le 15 août, la Vierge immaculée leur obtiendrait la guérison tant désirée, et elles commencèrent aussitôt une neuvaine de prières et de communions.

Mais, malgré les communions reçues saintement, et les prières ferventes qui se prolongeaient à la Grotte bénie pendant une grande partie de la journée, le 15 août passa sans apporter aucune amélioration à l'état de la jeune malade. Cette cruelle déception plongea Mme D. dans un désespoir dont elle ne comprenait peut-être pas le véritable caractère. Hélas ! tantôt elle accusait Dieu de l'avoir déçue dans ses espérances, tantôt elle accusait la sainte Vierge de manquer de cœur ; tantôt elle leur imputait les conséquences fâcheuses de l'insuccès de ses prières, et les sarcasmes impies qui ne manqueraient pas de saluer son triste retour aux Etats-Unis ; puis, malgré la froideur de son caractère et de son tempérament américain, elle versait d'abondantes larmes.

— « Maman, lui dit Marian, ce n'est ni joli ni chrétien de te désespérer ainsi ; tu n'es vraiment pas raisonnable. Si la sainte Vierge ne me guérit pas, c'est qu'elle a de bonnes raisons pour ne pas le faire, et comme nous l'a dit le Père, nos prières nous vaudront des grâces plus précieuses que celle de ma guérison.

« Si le flacon qui est sur la cheminée contenait du poison, au lieu d'eau de Cologne, me le donnerais-tu, lors même que je te le demanderais en pleurant et en te disant que me le refuser ce n'est pas m'aimer? et ne me le refuserais-tu pas justement parce que tu m'aimes ?

« Eh bien, vois-tu, la sainte Vierge fait de même, parce que, si je guérissais, je deviendrais peut-être une jeune fille mondaine et perdrais mon âme. Elle fait pour moi ce qu'elle fit pour Bernadette, qu'elle ne guérit pas, et à qui elle dit : « Je ne te promets pas le bonheur en ce monde, mais tu seras éternellement heureuse avec moi dans le ciel. »

Ces paroles touchèrent profondément Mme D. qui finit par se résigner à la volonté de Dieu ; toutefois, pensant que cette épreuve cesserait si sa prière restait persévérante, elle résolut d'attendre le pèlerinage national, pour faire profiter sa fille des supplications ardentes et continuelles qui se font alors à la Grotte, ainsi qu'aux piscines, pour les pauvres malades. Le départ pour les Etats-Unis fut donc remis après celui du pèlerinage national.

Pendant trois jours nos deux Américaines ne cessèrent de prier dans l'enceinte des malades, ou devant la statue de l'Immaculée Conception. Chaque fois que Mme D. entendait chanter le *Magnificat*, annonçant une guérison nouvelle, chaque fois qu'elle voyait les hospitaliers ou les hospitalières amener des piscines à la Grotte une personne guérie, ses yeux se remplissaient de larmes, qui coulaient abondantes le long de son visage. J'avais une telle confiance dans le succès final de toutes ces prières, que je m'attendais à tout instant à voir arriver Marian traînant sa petite voiture, au lieu d'être traînée par elle. Hélas ! cette guérison tant désirée, tant attendue n'eut pas lieu.

Le dernier jour du pèlerinage m'approchant de mes pénitentes, à la Grotte, je leur dis en m'adressant à la mère : « Vous êtes dans les conditions habituelles des personnes auxquelles le Seigneur accorde, à Lourdes, par l'entremise de la sainte Vierge, les grâces qu'elles sollicitent. Pourquoi vous les refuse-t-il ? Je n'en sais rien ; mais ce que je sais, ce que je puis vous affirmer, c'est que, s'il ne vous accorde pas ce que vous demandez, il vous donnera ce que vous ne demandez pas. Sera-ce la conversion de votre mari, la guérison de Marian un peu plus tard, ou quelque autre chose ? Je ne puis vous le dire, mais vous ne rentrerez pas chez vous, sans éprouver un grand bonheur d'être venues prier à Lourdes. »

La veille du départ, au moment de se coucher, Mme D. sentit un violent désir de revenir prier à la Grotte. Longtemps elle lutta contre ce désir étrange, impérieux, en se disant : « Pourquoi retourner si tard à la Grotte, puisque j'y ai passé presque toutes mes journées à réciter des chapelets ? Puis, ce n'est pas convenable, — *ladylike* — pour une dame, de sortir à pareille heure. » Mais il lui fut impossible de résister à cette voix intérieure, qui la conduisit, malgré ses répugnances, ses raisonnements et sa fatigue, au rocher des Apparitions.

Vers onze heures du soir, elle dut céder à cette force intérieure dont l'action l'étonnait, et, accompagnée d'une domestique, elle alla s'agenouiller contre la grille de la Grotte, entre la grande et la petite porte d'entrée, c'est-à-dire en face du candélabre de fer placé sous la niche qui contient la blanche statue.

Laissons-lui la parole.

« A peine, dit-elle, avais-je commencé la récitation du chapelet, que je vis disparaître la statue, les lumières, le rocher, et me trouvai plongée dans la plus profonde obscurité. Puis, devant moi, j'aperçus une grande croix de bois, sur laquelle était cloué un homme de grandeur naturelle. Cet homme était de chair et d'os, comme vous et moi; les plus petits détails anatomiques de son corps apparaissaient à travers sa peau fine et transparente.

« J'ai vu plus d'un Christ de grand maître, peint, sculpté ou gravé, mais aucun ne donne une idée de cette beauté surhumaine, divine, qui était devant moi ; le talent, le génie, la science et l'imagination ne pourront jamais rien produire de semblable.

« Impossible de dire ce que les traits du visage exprimaient... Un peu derrière, à droite du Christ, se trouvait une femme que j'ai reconnue pour Notre-Dame, — *Our Lady*, — et qui montrait de la main son Fils crucifié.

« Je dirai d'elle ce que je vous ai dit du Christ : il est impossible de peindre ou de décrire une beauté pareille, une pareille expression de visage, et rien, dans le monde, — *in the world*, — ne peut en donner une idée.

« Comme je ne dormais pas, et que ce que je

voyais n'était pas un fantôme, mais une réalité ; comme j'étais, auparavant, à mille lieues d'y songer et que nous autres, Américains, nous brillons beaucoup plus par le sens pratique que par l'imagination, je contemplai ce divin groupe avec mes yeux d'artiste plutôt qu'avec mon cœur de catholique ; cependant, je me promis de demander la signification de ce prodige au Père, qui devait, le lendemain matin, confesser Marian devant les piscines.

« Cette apparition dura suffisamment pour bien me convaincre de sa réalité. Quand elle disparut, je n'étais plus la même femme. A la tristesse la plus déchirante et la plus voisine du désespoir, à la révolte et à l'irritation la plus violente, quoique contenue, succéda la paix la plus douce, la plus suave et la plus ravissante.

« Jamais de ma vie d'enfant, de jeune fille ou de jeune femme, je n'avais éprouvé pareil calme et pareille joie. Non seulement j'étais parfaitement résignée, mais je ressentais une jouissance enivrante à remercier Dieu de tout ce qu'il avait fait pour moi jusqu'à présent.

« Je pleurais de bonheur, de reconnaissance, d'amour filial, et je sentais que désormais ma confiance dans sa providence serait inébranlable ; que, dans mes prières, je lui demanderais de ne m'accorder que ce qu'il lui plairait de me donner, et que mon plus grand désir et mon plus grand plaisir seraient toujours d'accomplir sa volonté sainte. »

Je le répète, je ne sais pas si Mme D. n'a pas été le jouet d'une illusion ; mais ce que je sais, c'est que le lendemain elle était complètement changée, résignée, joyeuse même. Il en fut de même de sa famille, à laquelle elle raconta sa vision ; et dans la dernière lettre que m'écrivit Marian, elle me disait que tous, même son père, voulaient venir à Lourdes.

LES ESPÉLUGUES

CHAPITRE XIV

Un dernier fait. — Ce que dit la Grotte de Lourdes dans les soirées d'automne.

RENAN disait autrefois qu'en fait de miracle, il ne croirait qu'à celui que la Faculté, l'Académie ou la Science, car je ne me rappelle pas exactement lequel de ces trois termes il s'est servi, aurait analysé, contrôlé, déclaré positif. M. Renan pourrait être satisfait maintenant, car chaque année les guérisons de Lourdes, comme je l'ai déjà dit en parlant du bureau des constatations, sont examinées minutieusement et sévèrement controlées par un nombre de médecins toujours croissant.

Les malades, munis des certificats de leurs médecins respectifs, étaient soigneusement examinés par ces docteurs, interrogés sur tous les détails de leur maladie et de leur guérison, et ne quittaient le bureau des constatations médicales que lorsque la docte assemblée était parfaitement convaincue de la réalité des faits.

Parmi ces faits, celui qui n'est pas le plus merveilleux, mais le mieux constaté par la science, puisque plus de trente médecins, à Paris et à Lourdes, ont concouru, sans le vouloir, à lui donner une garantie exceptionnelle d'exactitude, est sans contredit la guérison de Pierre Delanoy. Ce fait est trop remarquable pour ne pas en citer quelques détails, pris dans le rapport technique du Dr Petit, professeur à l'école de médecine de Rennes, ancien interne des hôpitaux de Paris, et l'un des médecins alors présent à Lourdes pour l'examen des guérisons. Dans le livre admirable récemment publié sur ce sujet par le Dr Boissarie *Lourdes, Histoire médicale*, on y verra bien d'autres guérisons miraculeuses constatées par la science, et qui donnent à M. Renan toutes les satisfactions possibles.

Pierre Delanoy, né dans le département du Nord, à Wattrelos, était un jardinier, âgé de quarante neuf ans, qui pratiquait fidèlement ses devoirs religieux jusqu'à l'âge de vingt ans, et qui les abandonna, depuis son entrée à la caserne jusqu'à sa maladie, au point de ne faire ses pâques que deux ou trois fois en vingt-trois ans. C'est lui-même qui l'a dit aux médecins en ces termes : « Ayant tout abandonné, mes prières, mon chapelet, mon scapulaire, j'ai suivi les mauvais conseils et les mauvais camarades, et pendant vingt-trois ans, j'ai commis un grand nombre de fautes en abusant trop souvent de la vie. »

Les conséquences de son inconduite furent qu'une *ataxie locomotrice progressive* se développa chez lui, que de 1883 à 1889, il passa seize fois dans différents services des huit grands hôpitaux civils de Paris, Hôtel-Dieu, Charité, La Riboissière, Beaujon, la Salpétrière, Cochin, Necker, Laënnec, et qu'il fut traité par Gallard, Bucquoy, Empis, Sée, Ferréol, Laboulbène, Gérin-Roze, Charcot, Dujardin-Beaumetz, Mesnet, Rigal, Ball, c'est-à-dire par nos plus grandes célébrités médicales, qui selon l'habitude, lui donnèrent en sortant de l'hôpital un certificat constatant la maladie et le traitement. Tous constatent la même maladie et l'impuissance des remèdes les plus énergiques, car, en effet, cette maladie une fois entrée dans la seconde période de son développement, se termine par la mort du malade.

Voici maintenant ce que Pierre Delanoy dit lui-même de sa guérison : « A partir de 1886, alors que mes douleurs étaient plus fortes que jamais, je remarquai que tous les médecins qui m'avaient interrogé m'avaient demandé si j'avais commis des excès, des débauches. Cela me fit penser que mon mal devait venir de mes fautes et pouvait même en être la punition. C'est pourquoi je me suis résolu à faire pénitence. »

Pour lui, cette pénitence consista d'abord à souffrir sans murmurer, puis à reprendre son scapulaire, son chapelet, prier souvent et s'approcher des sacrements deux fois par mois. « Tout cela, disait-il, semblait me rapprocher du bon Dieu, et, malgré la violence de mes douleurs, je patientais mieux, en même temps que je me sentais plus pieux. »

Au mois de janvier 1889, il prit la résolution de réciter trois chapelets par jour jusqu'à la fin de sa vie, et fut toujours fidèle à sa promesse.

« Puisqu'aucun médecin ne pouvait me guérir, ajoute-t-il dans son récit, bien que j'eusse été traité par les plus capables, plusieurs personnes m'avaient conseillé d'aller à Lourdes chercher la guérison. J'en avais grand désir, mais comme j'attribuais mon mal à mes fautes, je ne me trouvais ni digne d'aller à Lourdes, ni digne d'y être guéri... Plusieurs mois après, on me reparla de Lourdes, et un camarade m'engagea vivement à demander que le pèlerinage national m'y conduisît. J'eus l'espoir cette année que ma pénitence suffirait peut-être pour me permettre de tenter le voyage de Lourdes, et je demandai à y aller.

« Je suis parti de Paris avec le pèlerinage national accompagné d'un camarade malade, ouvrier comme moi. Je ne pouvais marcher qu'avec un bâton, et encore en faisant beaucoup attention pour ne pas perdre l'équilibre et tomber à chaque instant. Le 19 août, à 9 heures du matin, nous sommes arrivés à Lourdes; je me tenais à jeun depuis la veille. Je ne pus descendre seul du wagon, tant mes jambes m'obéissaient mal ; cependant, appuyé d'un côté sur le bras de mon camarade, malade aussi, et de l'autre sur ma canne, je me rendis à la Grotte.

« J'étais très ému de voir Notre-Dame de Lourdes. Quand le moment en fut venu, mon camarade me conduisit à la communion ; je revins à ma place, je baisai la terre, je dis mes prières et je promis à la sainte Vierge de devenir meilleur, de rester bon chrétien toute ma vie et de ne jamais plus pécher comme autrefois.

« Puis je m'en allai avec mon ami à l'hôpital de l'*Abri* pour déposer mon sac. Je n'avais pas bu d'eau de la fontaine de la Grotte, je ne m'en étais pas servi pour me laver. Je ne pris aucune nourriture et je revins bien vite à la Grotte me remettre à genoux et prier. A ce moment passait le Saint Sacrement, bénissant les pèlerins sur son passage, tout le monde priait tout haut, et on criait de tous côtés : Pitié ! Pitié !

« Hosannah au Fils de David ! »

« J'étais dans la foule ; agenouillé près de mon camarade, et j'écoutais tous ces cris, toutes ces prières. Quand le Saint-Sacrement a passé près de moi, je me suis prosterné, baisant la terre, et j'ai dit tout haut : « Notre Dame de Lourdes, guérissez-moi, s'il vous plaît, et si vous le jugez nécessaire.

« J'étais toujours prosterné, mon front appuyé sur la pierre... c'est alors que j'ai éprouvé la sensation extraordinaire *d'une force intérieure qui me poussait comme malgré moi à me relever, à marcher et à laisser ma canne.*

« Je me suis de suite redressé ; j'ai remis mon bâton à mon camarade en lui disant : « Prends-le, « je n'en ai plus besoin. » Je me suis alors relevé sans aucune peine.

« — Tu es fou, m'a dit mon ami, tu vas tomber, et en même temps il cherchait à me retenir.

« Mais sans rien écouter, je me mis en route, marchant parfaitement et éprouvant une sensation profonde et générale de délivrance et de bien-être. Je suis parti rapidement et me suis rendu à la Basilique par l'escalier que j'ai monté très facilement, et là, à genoux pendant un quart d'heure, j'ai remercié le bon Dieu et la sainte Vierge.

« Puis, je suis redescendu à la Grotte remercier encore la bonne Vierge, et vers onze heures je suis revenu à l'hôpital pour déjeuner. Je n'éprouvais rien, absolument rien, si ce n'est cette sensation de délivrance et de bien-être et la possibilité de mouvoir mes membres à volonté. »

Ici se termine le récit de Pierre Delanoy, tel que l'écrivit sous sa dictée le Dr Petit. Au mois de septembre suivant, l'aumônier de la Charité, l'un des hôpitaux dans lequel P. Delanoy avait été soigné, télégraphiait à l'Hospitalité de N.-D. de Lourdes, le retour du miraculé en ces termes :

« *Médecins renversés par examen Delanoy. L'ai*

vu quatre fois cette semaine, marche comme un facteur rural. »

Enfin, le 17 novembre 1889, le Dr Castellanet, de Bargemon (Var), où Delanoy remplit ses fonctions de jardinier chez le marquis de Villeneuve, envoyait à Lourdes ce dernier témoignage sur la guérison de Pierre Delanoy :

« Rien ne trahit chez lui ses antécédents morbides. Il est venu me voir hier... a marché à plusieurs reprises devant moi avec toute la régularité désirable ; son pas est assuré, le sol lui paraît solide, il n'éprouve pas la moindre hésitation ; il en est de même les yeux fermés... Il ne ressent absolument aucune douleur, etc.

Voici maintenant quelques conclusions du rapport du Dr Petit.

« Donc, il faut légitimement conclure :

« *Pierre Delanoy, ouvrier jardinier, âgé de 49 ans, demeurant à Paris, était atteint depuis six ans, d'ataxie locomotrice progressive ;* cette maladie déclarée jequ'ici incurable par la science moderne, avait résisté à tous les traitements les mieux dirigés par *quatorze des plus habiles médecins des hôpitaux de Paris ; elle a guéri subitement et définitivement, le 20 août 1889, à Lourdes, en dehors de toute action médicatrice naturelle...*

« Une guérison comme celle de Pierre Delanoy, impossible naturellement, n'a pu s'effectuer subite et définitive, que sous l'action *directe* de Dieu

Tout-Puissant, passant réellement au milieu de la foule, près de l'ouvrier humble et pénitent, prosterné avec amour et confiance dans la poussière bénie de la grotte de Notre-Dame de Lourdes. »

Terminons ce récit en répétant que si des miracles plus grands, ou du moins tout aussi grands, ont été vus s'accomplir à Lourdes, en présence des foules, aucun n'a subi comme celui-ci le contrôle de tant de médecins incrédules ou croyants, aucun n'a passé par le creuset de la science avec tant d'éclat que celui-ci. C'est aussi pour cela que nous avons réservé ce fait comme le mot de la fin qui résume le caractère des guérisons de Lourdes, guérisons aussi nombreuses et variées que surnaturelles.

Lorsque ces faits indiscutables se présentent, lorsqu'il semble qu'on voit Marie se pencher vers tous ces infirmes et l'entendre dire : « MARCHE, VOIS, ENTENDS, JÉSUS TE GUÉRIT, » on se demande parfois quel est le but plus élevé, le but final de toutes ces guérisons.

Bien d'autres questions se posent, et bien d'autres réflexions viennent encore à l'esprit sur les renseignements que nous offrent le naturel et le surnaturel à Lourdes; mais, pendant les pèlerinages, c'est-à-dire jusqu'à la fin de septembre, le cœur est trop occupé pour que l'esprit ait le temps de réfléchir sur ce qu'il voit ou ce qu'il entend.

Elles sont si courtes et si vite passées ces bonnes journées et ces bonnes semaines dont se compose la vie du pèlerin à Lourdes! Dieu nous les donne, comme il nous donne les roses, les fleurs et les parfums; il nous les donne comme il nous donne un rayon de soleil, pour nous fortifier contre nos faiblesses, nos misères, les injustices, l'égoïsme, nos passions et celles des autres. Aussi, faut-il s'arracher de ces lieux bénis, mais on ne s'en éloigne qu'avec l'espérance d'y revenir.

Les pèlerinages de Lourdes sauveront la France!

Ce n'est guère qu'en automne, au commencement de l'hiver, lorsque les feuilles jaunissent, meurent et tombent, lorsque la solitude laisse la pensée plus libre, que l'esprit s'élève plus facilement vers les régions célestes pour entrevoir le plan divin dans cette double manifestation de la Providence et de l'homme à la grotte de Lourdes.

Alors les platanes, les peupliers et les buissons se dépouillent de leur riante verdure, et la sèment flétrie sur les bords du torrent, comme la tempête sème les épaves sur les grèves de l'Océan. Les oiseaux voltigent ou becquettent grains et miettes, ils babillent encore, mais ne chantent plus.

Les foules sont rentrées sous leurs chaumes, leurs toits modestes ou leurs lambris dorés. L'air est froid, et des frissons parcourent les membres comme sous la touche d'une grande souffrance. Le soleil, pâle et sans feux, semble avoir revêtu, comme les montagnes, un manteau d'hiver. Les bancs de chêne et les bancs de granit délaissés, poudreux ou mouillés par la pluie, attendent le printemps.

La Vierge immaculée, les pieds nus, les mains jointes et les yeux levés vers le ciel, anime paisiblement les roches bénies de Masabielle. Quelques pèlerins agenouillés, prient ou pleurent, car on prie si bien où priait Bernadette, que la prière est habituellement attendrie, et souvent embaumée par des larmes. Le Gave murmure toujours son hymne séculaire dont les notes uniformes, mais sans monotonie, constrastaient avec les chants joyeux des pèlerins qu'on n'entend plus.

Aux murmures du Gave, aux chuchotements des branches qui s'entrechoquent, au frémissement des feuilles qui tombent, la brise d'automne vient mêler ses douces mélodies. Toutes ces voix de la nature, empreintes de suave tristesse, remplacent auprès de la Bonne Mère les voix chrétiennes qui n'éveillent plus les échos de la Grotte. Des centaines de lumières éclairent le rocher, se reflètent sur la Vierge et la couvrent d'une indéfinissable blancheur phosphorescente, éthérée, qui rappelle la Vision. Ces flambeaux brûlent jour et nuit, depuis bien des années ; déposés par les pèlerins, ils perpétuent le souvenir de leur amour pour Marie.

Aux cris d'amour, d'espoir ou de douleur des pieuses multitudes ont succédé le calme et le recueillement de la solitude. N'est-ce point dans la solitude, le recueillement et le calme que la prière a le plus d'attrait, comme le plus de puissance, et qu'elle est le plus écoutée ? Puisque Dieu nous permet la prière, que même il la commande, n'est-ce point le moment de lui découvrir notre misère pour qu'il daigne la soulager ? Comment passer sur ce sol sanctifié par la présence, dix-huit fois répétée de la Reine des anges, sans que les genoux fléchissent et que la prière monte aux lèvres ? Le plus court chemin pour aller au Cœur de Dieu, n'est-ce point le Cœur de Marie ? Ne sommes-nous pas les enfants de sa douleur, et Jésus n'est-il point toujours avec elle ?

La dévotion envers Marie n'est pas une simple dévotion qui nous attire, parce qu'elle est touchante, mais elle s'impose par le devoir et la justice.

Nous étions une partie des douleurs de Marie, de Bethléem au Calvaire, parce que nous étions une partie réelle de la Passion de notre Sauveur. Sept fois nous avons blessé son cœur, sept fois nous avons pris part à ses principaux mystères d'affliction, et toujours elle nous a pressés contre son sein avec un ineffable amour. Combien de fois n'avons-nous pas été cruels pour elle, depuis notre enfance, en offensant Dieu, son Fils bien-aimé ? La prier de nous pardonner, l'aimer à plein cœur, et la vénérer comme la meilleure des mères, c'est encore un besoin de l'âme, comme la respiration est un besoin de la vie physique.

Chaque matin nous recommençons la vie. Nous sortons de nos demeures pour rencontrer un nouveau jour à son passage vers l'éternité. Ce jour a beaucoup à nous dire ; il doit aussi beaucoup entendre de nous. Au coucher du soleil, il porte à Dieu son récit. Quel est-il ? Sa parole est entendue, son message est conservé jusqu'au jour du Jugement, et c'est nous qui le lui donnons. Joies et souffrances, actions et paroles, bien et mal, nous écrivons tout sur ce livre de notre vie. Hélas ! nous enregistrons plus de mal que de bien, plus de souffrances que de joies ! Un jour sans soleil, est un jour à peine éclairé, c'est presque la nuit. Quand le « *Soleil de justice* » ne se lève pas tout resplendissant sur nous, pour nous éclairer et nous réchauffer, c'est presque la nuit.

Dans chaque action de la journée, parfois sans le savoir ou le vouloir, nous allons à la rencontre de Jésus pour le bien de notre âme ou notre éternel malheur, selon ce que seront nos actions. On le rencontre rarement sans la croix, sans une croix nouvelle. Combien ne voit-on pas, sur le soir de la vie, des gens qui marchent sans croix, parce-qu'ayant trouvé trop pesante celle que Dieu, dans son ineffable bonté, leur avait mise sur l'épaule, ils l'ont jetée sur la route du ciel, et n'ont été les disciples de Jésus que pendant une partie de la journée.

Quand nous sommes dans l'affliction et qu'une

croix nous blesse, Jésus s'approche et marche avec nous, comme il le fit avec ses disciples sur le chemin d'Emmaüs, car l'affliction a pour le Sauveur un attrait auquel il ne sait point résister. Lorsque nous ne recherchons pas d'autres consolations que les siennes, il vient aussitôt nous consoler lui-même.

Oh! qu'il serait incalculable le nombre des saints sur la terre, si nous n'allions pas chercher nos consolations parmi nos semblables, en allant leur raconter nos chagrins et nos peines! Chaque vie humaine a suffisamment d'épreuves douloureuses pour élever un homme à des hauteurs inespérées dans le ciel; mais combien d'âmes inconsidérées n'attendent pas l'arrivée de Jésus, et vont loin de lui chercher leurs consolations.

Quelques hommes rencontrent Jésus et se détournent. Tandis que les uns prennent une autre route, quand ils l'aperçoivent de loin, d'autres feignent de ne pas le reconnaître quand ils passent à côté de lui. Jésus, chargé de sa croix, parcourt chaque jour des milliers de routes, mais bien peu lui font bon accueil. Que de chrétiens, ne pouvant l'éviter, discutent avec lui! La croix est si lourde, non pour leurs épaules, mais pour leur amour, et quand Jésus persiste à les en charger, ils pleurent bien haut! Que de chrétiens le suivent avec l'humeur chagrine de l'obéissance servile! ils traînent leur croix au lieu de la porter; aussi, les blesse-t-elle davantage quand elles heurtent les pierres du chemin.

Oh! combien sont nombreux ceux qui fuient les embrassements de Jésus, portant pour nous sa croix!

Combien sont rares ceux qui se prosternent à ses pieds avec amour, lui prennent la croix pour la placer sur leurs épaules, et chantent des hymnes de joie, tout en chancelant sous leur précieux fardeau!

Combien prennent pour des croix les boulets que le monde leur impose, et qu'ils acceptent avec une humiliante faiblesse, parce que leur cœur est en partie double!

Lorsque, au coucher du soleil, le jour porte à Dieu son récit, que d'illusions, de faiblesses et de mensonges se mêlent aux quelques paroles d'amour que nous écrivons sur le livre de l'éternité.

Tout chemin parcouru, tout fardeau supporté, toute épreuve essuyée sans Jésus, ne sont qu'une perte inutile de forces et qu'un voyage sans fruit. Nous ne devons et ne pouvons porter paisiblement et fructueusement nos croix que d'une manière : tournés vers le ciel; car c'est ainsi seulement, qu'en compagnie de Jésus, nous ferons partie de la procession des prédestinés.

C'est ce que le soir on entend dire à la Grotte, dans les murmures du Gave, le chuchotement des branches qui s'entrechoquent, le frémissement des feuilles qui tombent, les mélodies de la brise d'automne et les doux sourires de la Vierge Immaculée. Oh ! que de belles et saintes choses n'entend-t-on pas, à genoux, aux roches bénies de Massabielle ?

TABLE DES MATIÈRES

PAGES

13648. Lyon. — Imprimerie E. VITTE, rue Condé, 30.

PERLVSTRAT
VELOCI CVRSV
VT ALIGER ORBE
A
IN PRI
CIPIO
Ω
ERAT
VERBV

www.ingramcontent.com/pod-product-compliance
Ingram Content Group UK Ltd.
Pitfield, Milton Keynes, MK11 3LW, UK
UKHW020200250726
13967UKWH00003B/1175